hänssler

LUDWIG SCHNEIDER

100 Fragen an Israel

Was Sie schon immer wissen wollten

ISBN 3-7751-2678-3

hänssler-Taschenbuch
Bestell-Nr. 392.678

5. Auflage 1999, Hänssler-Verlag, D-71087 Holzgerlingen
© Copyright 1996 by Hänssler-Verlag, Neuhausen-Stuttgart
Umschlaggestaltung: Daniel Dolmetsch
Titelfoto: Hilla u. Moshe Jacoby
Satz: AbSatz Ewert-Mohr, Klein Nordende
Druck und Verarbeitung: Ebner Ulm
Printed in Germany

Inhalt

Israel
zwischen
Bibel und Babel

1.

»Ich besuchte schon mehrmals Israel, dabei fiel mir auf, daß die Juden, die das auserwählte Volk, das heilige Volk sein sollen, gar nicht so heilig sind.«

Die Juden sind Menschen wie Du und ich. Daß sie laut Bibel von Gott auserwählt sind, dafür können sie nichts, haben auch selbst nichts dazu beigetragen. Man darf in ihnen also keine Heiligen sehen. Sie sind dem Stande nach etwas Besonderes, aber nicht dem Zustande nach. Der Begriff »heilig« bezieht sich vorerst nur auf ihr Abgesondertsein von den anderen Völkern. Von ihrem Abgesondertsein aber hatten sie bisher nur Nachteile, wurden verfolgt und geächtet. Erwartet man von den Juden mehr als von den anderen Völkern, desto mehr wird man von ihnen enttäuscht, wenn sie versagen.

Wo steht, daß Gott Israel auserwählte?

»Du bist ein dem HErrn, deinem Gott, geheiligtes Volk: dich hat der HErr, dein Gott, aus allen Völkern, die auf dem Erdboden sind, zu seinem Eigentumsvolk erwählt. Nicht, weil ihr zahlreicher wärt als alle anderen Völker, hat der HErr sich euch zugewandt und euch erwählt – ihr seid ja das kleinste unter allen Völkern –; nein, weil der HErr Liebe zu euch hegte« (5. Mose 7, 6-8).

2.

*»Wenn ich durch Jerusalem gehe, treffe ich so viele ver-
schiedene Juden. Wer sind denn die echten Juden?«*

Gemäß Gesetzgebung des Staates Israel ist der ein Jude —
und damit berechtigt, nach Israel einzuwandern — der eine
jüdische Mutter hat. Die orthodoxen Juden dagegen behaupten, daß nur derjenige ein echter Jude sei, der nach den
Gesetzen der Bibel lebt. Wegen dieser Meinungsverschie-
denheit fand man zu einem »Status quo«, der ein staatliches
Miteinander erlaubt, jedem aber die religiöse Freiheit garantiert. In Israel gibt es 85 jüdische Glaubensrichtungen. Weil
Israel aber nicht ein Staat ist, in dem nur Juden leben dürfen,
sondern ein Judenstaat, in dem auch andere Konfessionen
ihren Platz haben, gibt es in Israel noch 62 moslemische
und 511 christliche Gruppen.

3.

»Wie kam es, daß die Juden, zerstreut unter alle Völker, immer Juden geblieben sind?«

Die Geschichte lehrt uns, daß die Juden alle vier Generationen vor der Gefahr der Assimilation standen, denn etwa alle vier Generationen waren sie drauf und dran, ihr Judentum zu verlassen, um so zu sein wie ihre gastgebenden Völker. Doch immer dann, wenn sie so sein wollten wie alle anderen, trat ein judenhassender König auf, der sie zwang, Juden zu bleiben. Dann mußten sie sich durch Judenhut oder Judenstern in der Öffentlichkeit als Juden zu erkennen geben. Es wurde ihnen verboten, sich mit Nichtjuden zu vermischen. Oder aber es tauchte ein falscher Messias auf, der unter den Juden eine solche Begeisterung auslöste, daß sie sich wieder freiwillig ihrem Judentum zuwandten und stolz waren, Juden zu sein. Auf diese Weise entgingen sie der drohenden Gefahr des Untergangs, das Judentum zu verlassen.

4.

»Ist für die Juden die Bibel ein Glaubensbuch oder ein Geschichtsbuch?«

Weil der jüdische Glaube unzertrennlich mit dem Volk und dem Land Israel verbunden ist, ist Israels Volksgeschichte zugleich Glaubensgeschichte. Die Zerstreuung der Juden unter alle Völker war eine, laut Bibel, von Gott verordnete Strafe, die mit ihrer Heimkehr nach Zion abgegolten sein soll. Daher ist die politische Gründung des Staates Israel zugleich ein biblisches Glaubensbekenntnis. Die Erfüllung biblischer Verheißung ist also nicht eine abstrakte Theologie, sondern politische Realität. Auch wenn viele Juden in Israel keine persönliche Glaubensbeziehung zur Bibel haben, so ist schon ihre Existenz in Israel ein Beweis dafür, daß die Bibel recht hat.

Was sagt die Bibel dazu?

»Wenn ihr euch versündigt und tut, was dem HErrn, eurem Gott, mißfällt, so daß ihr ihn erbittert, dann wird der HErr euch unter die Völker zerstreuen« (5. Mose 4, 25-27). Doch »Er, der Israel zerstreut hat, sammelt es auch wieder« (Jeremia 31, 10). Darum »Tröstet, tröstet mein Volk, redet herzlich zu Jerusalem und ruft ihr zu, daß ihr Frondienst abgegolten ist, denn sie hat doppelte Strafe für alle ihre Sünden empfangen« (Jesaja 40, 1-2).

5.

»Ich habe gehört, daß Juden nicht die Speisen der Nichtjuden essen – bilden sie sich ein, besser zu sein?«

Es stimmt, daß Juden besondere Speisevorschriften zu beachten haben, die in der Bibel ausführlich beschrieben sind, was man »koscher« nennt. Sie dürfen z. B. kein Schweinefleisch und keine Blutwurst essen, auch keine Fleischgerichte zusammen mit Milchspeisen zu sich nehmen. Weil bei Christen jedoch viele Speisen Schweinefleisch enthalten und die Fleischgerichte oft mit Milch zubereitet werden, also biblisch gesehen, nicht »koscher« sind, halten sich Juden lieber ganz davon fern. Sie verweigern also nicht die Speisen der Nichtjuden, weil sie sich edler vorkommen, sondern, um nicht Gebote der Bibel zu übertreten. Wenn sich Juden im Ausland aufhalten, essen sie in jüdischen Restaurants oder nur Milchgerichte bzw. Salate.

6.

»Ich habe den Eindruck, daß Juden zum Fanatismus neigende Menschen sind, die keine Gemeinschaft mit Andersgläubigen suchen.«

Jede Gesellschaftsform hat einen linken äußeren und rechten äußeren Rand. So auch das jüdische Volk. Etwa 10 Prozent der israelischen Bevölkerung sind orthodoxe Juden, von denen nur ein gewisser Teil zum Fanatismus neigt. Zur gleichen Zeit findet man in Israel auch etwa 10 Prozent Juden, die extrem linksliberal eingestellt sind. Weil die orthodoxen Juden jedoch nur in schwarzer Einheitskleidung herumlaufen, die linksorientierten Israelis dagegen gewöhnlich gekleidet sind, fallen nur die orthodoxen Juden auf, da die linken äußerlich nicht zu erkennen sind. Das jüdische Volk brachte nicht nur Gottesmänner wie Jesaja und Paulus hervor, sondern auch Gottesleugner wie Lassalle und Trotzki. Dazu kommt noch der Umstand, daß, weil sie fast ständig von ihrer nichtjüdischen Umwelt verfolgt worden sind, sich bei den Juden ein Abwehrmechanismus bildete, der immer auf »Alarm« steht, was auf Außenstehende oft fanatisch wirkt.

7.

»Mit welchem Recht behaupten die Juden, daß ihre Bibel echter ist als z. B. der Koran?«

Rein vom wissenschaftlichen Aspekt her gehört der Text der »Tenach«, wie das Alte Testament genannt wird, zu den am wenigsten umstrittenen Dokumenten der frühen Menschheitsgeschichte. Durch ein äußerst pedantisches Abschreibeverfahren wurde sichergestellt, daß der Bibeltext fehlerfrei und buchstabengetreu abgeschrieben und somit unverändert von Generation zu Generation weitergereicht wurde. Dazu kommt, daß die in der Bibel gemachten faktischen Aussagen durch archäologische Ausgrabungen bestätigt werden. Der Koran dagegen ist vom textwissenschaftlichen Standpunkt aus eine schlechte Abschrift der Bibel. Der Koran wurde erst 2000 Jahre nach dem alttestamentlichen Bibeltext verfaßt. Der ältere Text ist wissenschaftlich gesehen immer der echtere. Spätere Abschriften, bei denen sich fremde Tendenzen einschlichen, gelten fachlich als Fälschung. Das jüdische Volk und auch die Christen sind somit im Besitz der originalen »Heiligen Schrift«.

8.

»Mich wundert, daß die Juden durch alle Trendströmungen hindurch an ihrem biblisch-jüdischen Glauben festgehalten haben, wo doch zur gleichen Zeit andere Völker ihre Kulturen und Religionen wechselten.«

Hier muß darauf hingewiesen werden, daß nicht so sehr die Juden an Gott und Seinem Wort festhielten, sondern vielmehr, daß Gott und Sein Wort die Juden festhielt. Wir sehen immer nur, wie die Juden an den biblischen Festen, dem Sabbat und den Gesetzen festhalten. In Wahrheit jedoch halten die Gesetze und Bräuche die Juden in ihrem Judentum und damit in der von Gott gegebenen Berufung fest. Fremder Zeitgeist machte auch vor den Juden nicht halt, doch wenn sie endgültig zwischen Bibel und Babel zu entscheiden hatten, wählten sie den Glauben ihrer Väter. Ein Kind hält stolz an der Hand des Vaters fest, sobald aber Gefahr kommt, hält die Hand des Vaters das Kind fest; so ist es auch mit dem jüdischen Volk und seinem Gott.

Die Bibel
als Grundbuch
des modernen Israel

9.

*»Hat in Israels Unabhängigkeitserklärung die Bibel
überhaupt einen Stellenwert?«*

In Israels Unabhängigkeitserklärung, die bei der Staatsgründung am 14. Mai 1948 unterzeichnet wurde, heißt es
u. a.:
»Der Staat Israel wird für jüdische Einwanderer und für die
Sammlung der Verbannten offenstehen, er wird die Ent-
wicklung des Landes zugunsten aller seiner Bewohner för-
dern und wird auf Freiheit, Gerechtigkeit und Frieden
ruhen, wie es die Propheten Israels beschrieben haben. Er
wird allen seinen Bewohnern, ungeachtet ihrer Religion,
ihrer Rasse und ihres Geschlechts, gleiche politische und
gesellschaftliche Rechte gewähren, wird die Freiheit von
Religion und Gewissen, Sprache, Erziehung und Kultur
gewährleisten und wird die heiligen Stätten aller Religionen
schützen. Im Vertrauen auf den Allmächtigen, den Fels und
Hüter Israels erklären wir hiermit die Gründung des Staates Israel.«
Am 31.12.1948 beschlossen Israels Gründerväter: »Den
Staat Israel auf den Grundsätzen und Vorstellungen unserer Propheten zu gründen.«

10.

»Mit welchem Recht behauptet man, weil Israel in der Antike einmal eine Nation war, müsse Israel heute wieder eine politische Rolle spielen?«

Blühende Kulturen der Antike, Völker, die die Welt beherrschten, sind uns heute ausschließlich aus Geschichtsbüchern bekannt, ihre gigantischen Tempelruinen sind nur noch touristische Sehenswürdigkeiten. Das Volk der Juden hat dagegen alle Zeiten überlebt. Obwohl Israel im Jahre 70 n. Chr. von den Römern besiegt und unter alle Völker zerstreut wurde, welche alles dransetzten, das Volk der Juden zu vernichten, vermochten sie nicht, seine Existenz auszulöschen.

Nun kehren die Juden in ihre alte Heimat zurück und wurden als Staat Israel zur politischen Realität. Als Israels Staatsgründer David Ben Gurion 1948 gefragt wurde, mit welchem Recht er nach fast 2000jähriger Unterbrechung den Judenstaat Israel ausrufe, antwortete er: »Unser Mandat auf Staat und Land ist die Bibel!« Der Staat Israel ist heute eine nicht mehr wegzudenkende Realität.

11.

»Ist die Bibel nicht zu altmodisch, um nach ihr einen modernen Staat wie Israel zu formen?«

Das Äußere des Israeli ist zwar modern, sein Inneres jedoch ist immer gleichgeblieben, so wie es schon vor 5000 Jahren war. Liebe und Haß, Großzügigkeit und Habgier, Frieden und Krieg, Freude und Leid, Leben und Tod sind die Elemente, um die sich alles dreht. Und allein um diese Kernfragen kümmert sich die Bibel. Wenn diese Kernprobleme gelöst sind, stimmt auch das Äußere, ob im privaten Bereich oder in der Staatsform. Die Satzungen der Bibel sind nicht versteinerte Orthodoxie, sondern Leben und Geist, ohne die keine auch noch so moderne Staatsform auf Dauer bestehen kann. Und weil das moderne Israel auf derselben biblischen Grundlage gegründet wurde, mit der die Juden, trotz aller Anfeindungen, Jahrtausende überlebten, wird das neue, äußerlich so moderne Israel eine sichere Zukunft haben.

12.

»Israel ist eine Demokratie und keine Theokratie, was haben da religiöse Gesetze im Parlament zu suchen?«

Gerade weil Israel eine Demokratie ist, respektiert es die Einstellung der religiösen Bevölkerung. Das moderne Israel versammelt Juden, die aus 143 Ländern nach Zion zurückgekehrt sind, also fortschrittliche Impulse aus der ganzen Welt mitbrachten. Das ist zu vergleichen mit einem flotten 200 PS-Wagen, der ohne Bremsverstärker lebensgefährlich wäre. Israels religiöser Anteil im Parlament übt diese notwendige Bremsfunktion aus. Unter den 120 Abgeordneten des israelischen Parlaments sind 24 religiöse, die darüber wachen, daß die Moderne nicht ausartet. Andererseits bewirken die Säkularen, daß Israel kein fanatisch-religiöser Staat wird, wie z. B. Khomeinis Iran. Gaspedal und Bremse gehören zusammen. Jedes hat seine Funktion. Wenn jedoch beide zur gleichen Zeit betätigt werden, gibt es Krach, auch in Israels Demokratie.

13.

»Die biblischen Rechtsvorschriften sind doch schon seit Jahrtausenden erstarrt, wie können die noch eine Beziehung zu den heutigen Verhältnissen haben?«

Gewiß, es ist nicht einfach, Einwanderer aus Deutschland, die mit Goethe und Brecht aufgewachsen sind, und Jemeniten, die aus einer ganz anderen Kultur kommen, auf einen gemeinsamen Nenner zu bringen. Doch gerade dafür eignet sich am besten die Bibel, denn sie ist der einzige gemeinsame Nenner, durch den die Juden, die in den Jahren der Diaspora von so unterschiedlichen Kulturen geprägt sind, völkisch und rechtlich wieder vereint werden können. Daher verfolgt Israel das Ziel, ein staatliches Gesetz zu schaffen, das weder amerikanisch noch äthiopisch, weder polnisch noch deutsch ist, sondern auf alle Juden verbindlich wirkt. Und das kann nur die Bibel, weil sie die einzige Basis ist, mit der alle Juden vertraut sind.

14.

»Religion ist reine Privatsache, daher sollte der Staat sich da raushalten. In Israel aber gibt es sogar ein Religionsministerium.«

Da die jüdische Religion keine abstrakte Angelegenheit ist, sondern ganz praktisch den Tageslauf bis hin zum Speiseplan bestimmt, geht es nicht ohne staatliche Einmischung. So dürfen Juden z. B. nur dem biblischen Gesetz entsprechende Speisen, koschere Speisen, zu sich nehmen. Wer aber hätte Vollmacht darüber, daß die Soldaten diesbezüglich vorschriftsmäßig versorgt werden? Dasselbe gilt für Wohnviertel mit religiöser Mehrheit, wo die Polizei am Sabbat die Straßen sperrt, damit die mehrheitlich religiösen Anwohner, die die Sabbatruhe genießen wollen, nicht gestört werden.

Dazu kommen die außerjüdischen Religionsgemeinschaften, für deren organisatorische Bedürfnisse nur der Staat gleichberechtigt sorgen kann. Daher besteht in Israel die Notwendigkeit, die Beziehung zwischen Staat und Religion sowie der verschiedenen Religionen untereinander durch einen ministeriellen Apparat zu regeln.

Israels Religionsministerium besteht aus den Abteilungen für religiöse Angelegenheiten der Juden, Rabbinate und Rabbinatsgerichte, Religiöse Räte, religiöse Angelegenheiten der Moslems und Drusen und christlichen Religionsgemeinschaften.

15.

»Sind Israels Politiker, die persönlich nicht an die Bibel glauben, aber dennoch mit den Religiösen gemeinsame Sache machen, nicht Heuchler?«

Auch wenn ein Politiker persönlich kein frommer Mensch ist, so respektiert er als Jude dennoch den Wert der jüdischen Religion, denn für die Juden ist die Religion mehr als nur ein Glaube. In den Jahrtausenden der Zerstreuung wurde ihre Religion zum nationalen Symbol des Judentums. Die jüdische Religion bildete für die unter alle Völker zerstreuten Juden das nationale Band der Zusammengehörigkeit. Ohne diese Religion wären die Juden kein Volk mehr. Das hat zur Folge, daß ein ungläubiger Jude den Abfall von der jüdischen Religion ebenso scharf verurteilt wie ein orthodoxer Jude, weil damit der Abfall von der Nation verstanden wird. Einerseits ist unübersehbar, daß es in Israel konträre Weltanschauungen gibt, religiöse und antireligiöse. Andererseits aber kann das jüdische Volk nicht ohne die Lehre der Thora und den Sittenkodex der Propheten leben, sonst wäre Israel lediglich ein Land wie Syrien oder der Libanon.

16.

»Die Bibel spricht über das Israel von damals, spricht sie auch über das Israel von heute?«

Würde die Bibel nur über das Israel der Vergangenheit reden, hätten die Juden in der Zerstreuung daraus nicht Kraft und Hoffnung für ihre Zukunft schöpfen können. Die Bibel spricht sehr viel über Israels Zukunft, z. B.:

»So hat der HErr der Heerscharen gesprochen: Ich bin mit großem Liebeseifer um Jerusalem erfüllt, hege aber heftigen Zorn gegen die Heidenvölker, die, während ich über Israel ein wenig erzürnt war, ihrerseits noch zusätzliches Unheil über Israel brachten. Darum spricht der HErr: Ich habe mich Jerusalem voll Erbarmens wieder zugewandt, mein Tempelhaus soll in ihr wieder aufgebaut werden, aufs neue soll meine Stadt von Gutem überfließen, der HErr wird Zion aufs neue trösten und Jerusalem wiederum erwählen« (Sacharja 1, 14 - 17).

»So hat Gott der HErr gesprochen: Ich will euch aus den Heidenvölkern herausholen, euch aus allen Ländern sammeln und euch in euer Land zurückbringen. Die Städte sollen neu bevölkert und die Trümmer neu aufgebaut werden; das verödete Land soll aufs neue bestellt werden, während es zuvor als Wüste vor den Augen aller Vorüberziehenden dagelegen hat. Ich, der HErr, habe es verheißen und werde es auch vollführen« (Hesekiel 36, 33 - 36).

17.

»Wieviel Juden in Israel leben nach den Gesetzen der Bibel?«

Wenn ein Israeli behauptet, er sei Atheist, meint er oft damit nur, daß er nicht zu den orthodoxen Juden gehören will, die in altmodischer Kleidung herumlaufen und den Kopf voller Gesetze haben. Kommt man mit ihm jedoch in eine Diskussion über Gott, dann ist man überrascht, wie überzeugt er die Existenz Gottes verteidigt.

Umfragen ergaben:

75 Prozent der Israelis beachten die biblischen Speisegebote, achten also auf koscheres Essen.

90 Prozent der Israelis fasten an dem jährlichen Versöhnungstag Jom Kippur.

65 Prozent halten den Sabbat, indem sie nicht arbeiten und auch nicht Auto fahren.

20 Prozent halten sich in strenger Weise an die Gesetze.

18.

»Warum heißt Israel Israel?«

Das im Jahre 70 n. Chr. von den Römern besiegte Volk und Land hieß »Juda« und nicht »Israel«. »Israel« hieß nur das 800 Jahre vorher von den Assyrern besiegte Zehnstämme-Reich, das in Samaria lag.

Als Theodor Herzl 1896 seine Programmschrift »Der Judenstaat« veröffentlichte, stand noch nicht fest, daß das zu gründende »Altneuland« einmal »Israel« heißen würde. Doch die Staatsgründer entschlossen sich zu dem Namen »Israel«, weil sie davon überzeugt waren, daß der aus der Asche des Holocausts hervorgegangene Judenstaat nur »Israel« heißen könne, weil seine Bedeutung »Gottesstreiter«, genauer übersetzt »der, für den Gott streitet«, heißt.

Nur fünf Stunden nachdem der Staat »Israel« am Freitag, dem 14. Mai 1948, ausgerufen war, erklärten 160 Millionen Araber diesem neugeborenen Staat den Krieg. Doch die 650 000 Juden Israels gingen als Sieger hervor, was ihren Namen bestätigte, denn »Gott stritt für sie«.

19.

»Was hat Israels Fahne für eine Bedeutung?«

Israels weiße Fahne mit zwei blauen Randstreifen und einem blauen Davidstern in der Mitte entspringt einem Kompromiß zwischen den nichtreligiösen und religiösen Staatsgründern. Herzl, der kein religiöser Jude war, bestand auf dem Judenstern und die religiösen Zionisten bestanden auf den Streifen, weil sie an den jüdischen Gebetsmantel erinnern. So ist Israels Fahne eigentlich ein Gebetsmantel mit dem Stern, von dem es in der Bibel heißt: »Es wird ein Stern aus Jakob aufgehen und ein Herrscherkomet erhebt sich aus Israel« (4. Mose 24,17).

Ebenso hat auch Israels Staatswappen, ein siebenarmiger Leuchter mit zwei Ölbaumzweigen, einen Bezug zur Bibel. Der siebenarmige Leuchter ist der Tempelleuchter, umgeben von den zwei Ölbäumen, wovon der Prophet Sacharja spricht: »Da steht ein Leuchter mit sieben Lampen; und neben ihm stehen zwei Ölbäume, einer zu seiner Rechten und einer links von ihm. Diese beiden Ölbäume sind die beiden Gesalbten, die vor dem HErrn der ganzen Erde stehen« (Sacharja 4, 3 & 11).

20.

*»Bei allem Respekt gegenüber der biblischen Grundlage
des Judenstaates, aber wie sieht das moderne Israel
staatspolitisch aus?«*

Der Staat Israel, hebräische Bezeichnung »Medinat Yis-
rael«, ist eine parlamentarische Republik mit einem Parlament (Knesseth) von 120 Abgeordneten, das alle 4 Jahre
neu gewählt wird. Wahlberechtigt sind alle israelischen
Staatsbürger ab 18 Jahren, egal ob Jude oder Araber. Staats-
oberhaupt ist der Staatspräsident, seit 1993 Ezer Weizman.
Regierungschef ist der durch Direktwahl vom Volk ge-
wählte Ministerpräsident.

Das Ergebnis der Wahlen vom 29. Mai 1996:
Ministerpräsident: Benjamin Netanjahu (Likud);
in der Knesseth vertretene Parteien:
Arbeiterpartei (sozialistisch) — 34 Mandate;
Likud-Block (konservativ) — 32 Mandate;
Schass (orthodoxreligiös) — 10 Mandate;
NRP (nationalreligiös) — 9 Mandate;
Meretz (links) — 9 Mandate;
Israel BeAliya (Einwanderer) — 7 Mandate;
Chadasch (Araber) — 5 Mandate;
Jehadut Thora (orthodoxreligiös) — 4 Mandate;
Dritte Weg (Golan-Partei) — 4 Mandate;
DAP (Araber) — 4 Mandate;
Moledet (rechtsextrem) — 2 Mandate.

Auf welchen
Messias
wartet Israel?

21.

»Was heißt eigentlich ›Messias‹?«

Der Name »Messias« ist die gräzisierte Form des hebräischen Wortes »Maschiach« und heißt übersetzt »Gesalbter«; seine griechische Form lautet »Christos«. Das heißt, mit Messias und Christus ist ein und dieselbe Person gemeint, nämlich der »gesalbte Erlöser« bzw. »endzeitliche Friedefürst« aus dem Hause Davids. Demnach warten Juden und Christen auf ein und denselben Erlöser. Die Juden auf den kommenden Messias und die Christen auf den wiederkommenden Christus.

22.

»Ich habe gehört, die ganze Bibel weist auf den Messias hin, stimmt das?«

Zuerst einmal muß festgestellt werden, daß entgegen einer weitverbreiteten Meinung die Person des Messias keineswegs im Mittelpunkt des Alten Testamentes steht, nicht einmal bei den Endzeit-Propheten. Natürlich läßt sich vieles auf den Messias hin deuten, ausdrücklich beschrieben aber wird seine Person nur selten, denn das Judentum befaßt sich mehr mit der Erlösung als mit der Person des Erlösers. Im eschatologischen Sinn taucht der Begriff »Messias« erstmals im ersten vorchristlichen Jahrhundert auf, allgemein verbreitet war der Ausblick auf den »Maschiach« in jüdischen Kreisen jedoch erst im ersten und zweiten nachchristlichen Jahrhundert.

Andererseits sagt man, daß der Messias, solange er noch am Horizont ist, nur schwer auszumachen sei, je näher jedoch der Tag seines Erscheinens kommt, desto deutlicher sei er auch zu erkennen. Man spricht diesbezüglich von der »messianischen Zeit« bzw. »Zeit der Geburtswehen des Messias«.

23.

Es gibt nur einen Messias, der aber zeigt sich in zweierlei Gestalt. In Sacharja 9,9 heißt es: »Dein König kommt zu dir; gerecht und als Retter, demütig, auf einem Esel reitend.« Laut Daniel 7,13-14 kommt der Messias jedoch majestätisch vom Himmel: »Er kommt in den Wolken des Himmels als einer, der wie eines Menschen Sohn aussieht.« Auch Bileam sieht zuerst einen kleinen Stern aus Jakob, danach einen Herrscherkometen aus Israel (4. Mose 24,17). So spricht Sacharja 4 von zwei Gesalbten, die im Tempel neben dem Leuchter stehen.

Daraus enstand die Lehre von den beiden Messiassen, dem »Messias Ben-Josef« und dem »Messias Ben-David«, die auf den Messias-Prototyp, den von seinen Brüdern nach Ägypten verkauften Josef (1. Mose, Kapitel 37 bis 50) zurückgeht. In Ägypten wird Josef als zweiter Pharao zuerst zum Heiland und Messias für die Ägypter, die Nichtjuden. Erst danach, ganz zum Schluß, gibt er sich auch seinen eigenen Brüdern als Messias zu erkennen. In diesem Moment wird aus dem »Messias Ben-Josef« der »Messias Ben-David«. Als »Messias Ben-Josef« war er für die Nichtjuden der Retter, als »Messias Ben-David« erscheint er dagegen exklusiv nur den Juden, seinen Brüdern dem Fleische nach.

24.

»Sind die Juden so mit Blindheit geschlagen, daß sie nicht erkennen können, daß Jesus der Messias ist?«

Der Apostel Paulus macht in seinem Brief an die Römer im 11. Kapitel deutlich, daß die Juden »um der Heiden willen« den Messias nicht erkennen können. Er verwendet dafür das Bild aus dem Schöpfungsbericht der Eva (1. Mose 2): »Gott der HErr ließ einen betäubenden Schlaf auf Adam fallen«; sodann schuf er Eva aus Adams Rippe. Erst als Eva fertig war, wachte Adam wieder auf und erkannte: »Das ist ja Gebein von meinem Gebein. Und sie waren ein Fleisch.« Paulus kopiert diesen Text: »Gott hat ihnen (den Juden) den Geist der Betäubung, Unempfänglichkeit, gegeben.« Doch nur solange, »bis die Vollzahl aus den Heiden eingegangen sein wird, dann wird Israel in seiner Gesamtheit gerettet werden«, aufwachen aus seiner Betäubung.

Hieraus ersehen wir, daß Israel nicht um eigener Verstocktheit willen den Messias nicht erkennt, sondern um der Heiden willen in Unempfänglichkeit verharren muß, solange, bis der letzte aus den Heiden zur Gemeinde Jesu eingegangen sein wird. Es geht also nicht darum, daß Israel nicht will, sondern daß Israel nicht kann, weil die Bildung der Gemeinde Jesu aus den Heiden noch nicht abgeschlossen ist.

25.

»Was können wir tun, damit ganz Israel bald den Messias erkennt?«

Je schneller die Gemeinde Jesu zu ihrer Vollzahl kommt (Römer 11), desto eher kann sich der Messias seinem Volk Israel zu erkennen geben. Christen sollen dafür sorgen, daß unter den Heiden evangelisiert wird, damit der letzte, der von Gott für die Gemeinde bestimmt ist, zu ihrer Vollzahl kommt. Wie Josef in Ägypten um der Ägypter willen ein Ägypter wurde, so wurde Jesus um der Griechen willen ein Grieche, um der Deutschen willen ein Deutscher, um der Amerikaner willen ein Amerikaner usw. Jesus hat sich im Laufe der Kirchengeschichte dermaßen verändert, daß seine eigenen jüdischen Brüder ihn nicht mehr als ihren Bruder erkennen können. Es ist zwecklos, Juden mit einem hellenistischen oder römischen Christus zu konfrontieren, der nicht mehr der ihre ist. Es kommt die Stunde, da wird er sich seinen Brüdern selbst so zu erkennen geben (Sacharja 12, 10), daß sie ihn erkennen können. Vielleicht wird er dann den Nichtjuden zu jüdisch sein.

26.

»Beten die Juden für das Kommen des Messias?«

Das jüdische Volk betet jeden Tag für das Kommen des Messias, z. B. im

Achtzehngebet:
»Den Sproß Davids, deines Knechtes, lasse eilends hervorsprießen.«

Haftarasegen:
»Erfreue uns, o HErr, unser Gott, durch das Königtum des Sohnes Davids, deines Gesalbten. Möge er eilends herbeikommen.«

Festgebet:
»So gib denn aufsprießende Macht dem David, deinem Knechte, und eine gerüstete Leuchte dem Sohne Isais, deinem Gesalbten, in Bälde, ja, in unseren Tagen.«

Sabbatgebet:
»Schüttele ab den Staub, erhebe dich, ziehe deine Prachtgewänder an, mein Volk, durch Isais Sohn, den aus Bethlehem, naht meiner Seele der Erlöser.«

Wie kommt
ein Jude
in den Himmel?

27.

»Kennen die Juden überhaupt einen Himmel?«

Das hebräische Wort für »Himmelreich« heißt »Malchut Schamajim« und meint in erster Linie Gottes Herrschaft auf Erden. Das Eintreten des Himmelreichs auf Erden ist jedoch davon abhängig, daß der Mensch das Joch des himmlischen Königreichs auf sich nimmt. Im Christentum dagegen wurde der Begriff »Himmelreich« allein auf das Leben nach dem Tode verlegt. Im Judentum hat das Himmelreich jedoch zwei Ebenen, eine diesseitige in der Endzeit, wo der Messias als Friedensfürst herrscht, und eine jenseitige in einer anderen Dimension. Daß ein Himmel im Jenseits auch im jüdischen Glauben existiert, sagt uns z. B. die Geschichte der Himmelsleiter des Jakob, auf der Engel Gottes hinauf- und herabstiegen, und auch die Himmelfahrtsgeschichte des Propheten Elia, der im feurigen Wagen gen Himmel fuhr.

28.

»Verstehen Juden unter Himmel nicht nur das zur Schöpfung gehörende Firmament?«

Im Judentum ist der jenseitige Himmel der Heilsort der Seligen, derer, die wie Henoch (1. Mose 5, 22-24; Hebräer 11, 5) dahin entrückt worden sind, der Versammlungsort der himmlischen Gemeinde. Im Gegensatz zum Himmel ist die Hölle der Ort der Verbannten. Der Himmel wird als Sitz Gottes angesehen. Im Psalm 14 heißt es: »Der HErr schaut vom Himmel aus nach den Menschenkindern«, und im Psalm 11: »Der HErr ist in seinem Palast, des HErrn Thron steht im Himmel.« Darum richtet der Jude seinen Blick beim Gebet zum Himmel, heißt es doch im Psalm 123: »Ich hebe meine Augen auf zu dir, der du thronest im Himmel.«

29.

»Kennen Juden auch Gottes Gnade?«

Auf der Grundlage der Thora (5 Bücher Mose) und der Propheten wurzelt die göttliche Gnade in der unbegrenzten Liebe Gottes. Der Widerstreit zwischen der strafenden Gerechtigkeit und der verzeihenden Gnade ist laut Talmud dadurch behoben, daß die erstere der letzteren unterordnet ist. Die strafende Gerechtigkeit dient dazu, den Sünder zu reumütiger Umkehr auf den rechten Weg zu bringen (2. Mose 34, 6-7). Doch nach jüdischem Verständnis setzt Gottes Gnade erst dann ein, wenn der Mensch ernsthaft nach der Gerechtigkeit Gottes strebt. Das Wollen des Menschen ist also die Voraussetzung für den Empfang der Gnade. So läßt Gott seine Gnade und Barmherzigkeit walten um der Väter willen (5. Mose 4, 31). Im Neuen Testament läßt Gott seine Gnade walten um Jesu willen.

30.

»Versuchen die Juden nicht durch gute Taten in den Himmel zu kommen?«

Man sagt den Juden nach, daß sie mit Gott handeln wollen. Im Judentum gelten die guten Taten jedoch nicht als händlerischer Gegenwert, sondern als Früchte eines Gott wohlgefälligen Lebens. Einer, der Gott wohlgefällig lebt, zeitigt demgemäß auch gute Taten. Diese guten Taten sind der äußere Beweis des Inneren; sie werden bei Gott also nicht im händlerischen Sinn, sondern als sichtbare Frucht des Glaubens angesehen. Auch das Neue Testament lehrt: »Wer das vollkommene Gesetz der Freiheit kennt und in ihm bleibt, der ist ein Täter des Wortes, der in seinem Tun selig wird« (Jakobus 1, 19 - 25); »Wer da behauptet: Ich habe ihn (Christus) erkannt, aber seine Gebote nicht hält, der ist ein Lügner, in diesem wohnt nicht die Wahrheit« (1. Johannes 2, 4). Es geht also auch bei Christen nicht ohne Taten ab. Man kommt jedoch nicht in den Himmel, weil man gute Taten vorweisen kann, sondern weil die guten Taten der Beweis eines gottgeweihten Lebens sind.

31

»Wo sind die verstorbenen Juden?«

Wer bin ich, daß ich diese Frage beantworten könnte? Ebenso kann man keine verbindliche Antwort darauf geben, wo der Verstorbene ist, der einer christlichen Kirche angehörte. Bei einem Christen fragt man, ob er wirklich gläubig und wiedergeboren war, denn auch im Christentum gibt es keine kollektive Erlösung, sondern entscheidet sich das ewige Heil bei jedem einzelnen gemäß der Echtheit seines Glaubens.

Könnte es nicht ebenso bei den Juden sein? Oder wer würde es wagen, Gott zuzutrauen, daß er als gerechter Richter jene Juden verdammen würde, die, weil sie dem Glauben ihrer Väter treu bleiben wollten, auf Scheiterhaufen und in Gaskammern umkamen? Das Wort »Holocaust« bedeutet nicht umsonst übersetzt »Brandopfer«.

Hüten wir uns vor Arroganz; eine Arroganz, mit der sich auch christliche Gemeinschaften gegeneinander das Heil absprechen! Laut Paulus (Römer 11) werden Juden und Christen von ein und derselben Wurzel getragen und gespeist. Nun kommt es darauf an, ob man gute Frucht bringt. Wer keine Frucht bringt und sich dazu noch arrogant über andere erhebt, wird herausgerissen; was, wovor Paulus ausdrücklich warnt, auch bei Christen geschehen kann.

32.

»Können Juden ohne Jesus gerettet werden?«

Das Neue Testament sagt unmißverständlich, daß »Jesus (hebräisch: Jeschua) zum Eckstein geworden ist; und in keinem andern das Heil zu finden ist; denn es ist kein anderer Name unter dem Himmel den Menschen gegeben, in dem wir gerettet werden« (Apostelgeschichte 4, 11-12). An der Gültigkeit dieser Aussage ist nicht zu rütteln. Jesus selbst sagt: »Niemand kommt zum Vater außer durch mich« (Johannes 14, 6). Das erinnert an die Josefsgeschichte (1. Mose, Kapitel 37-50), in der Josef als Prototyp des Messias fungiert. Josefs Brüder wurden von Josef, lange bevor sie ihn als ihren Bruder erkannten, zum Leben gerettet. Das Erkennen, daß der »Fremde« in Wahrheit Josef, ihr Bruder, ist, kam erst im Nachhinein. Genauso kommt die Erkenntnis, daß Jeschua der Messias ist, erst im Nachhinein, wenn »sie auf den hinblicken, den sie durchbohrt haben« (Sacharja 12, 10). Die Juden beten schon lange in ihrem wöchentlichen Hawdalasegen: »Der Ewige ward mir zum Jeschua (Heil). Ihr werdet Wasser schöpfen mit Wonne aus den Quellen Jeschuas (Heil). Den Becher Jeschuas (Heil) erhebe ich und rufe an den Namen des Ewigen.«
Versorgt der von den Juden noch unerkannte Jeschua bereits schon seine Brüder? So wie es eine nachfolgende Gnade gibt, gibt es vielleicht auch eine vorlaufende Gnade? »HErr, du weißt es!«

Was macht
ein Jude,
der an Jesus glaubt?

33.

»Kann man zugleich Jude und auch Christ sein?«

Früher nannte man die Juden, die zum Christentum konvertiert sind »Judenchristen«. Das waren Juden, die einer christlichen Kirche beitraten und damit ihr Jude-Sein ablegten. Solche Konvertiten galten bei den Juden als Verräter. Dabei handelte es sich oft um Juden, die nur, um in der christlichen Gesellschaft Karriere machen zu können, zum Christentum übertraten. Doch seit Bestehen des Staates Israel bleiben die Juden, die an Jesus Christus als ihren persönlichen Messias gläubig wurden, weiter Juden, sie legen ihr Judentum nicht mehr ab. Um sich jedoch von den früheren Judenchristen zu unterscheiden, nennen sie sich heute »messianische Juden«. Diese messianischen Juden bestehen darauf, weiter als Juden anerkannt zu werden und sind oft nach ihrer Bekehrung zum Messias Jeschua bewußtere Juden als vorher.

1996 zählte man in Israel 3000 messianische Juden, die sich in 40 Gemeinden, verstreut über das ganze Land, versammeln.

34.

»Ich habe gehört, in Israel ist Mission verboten.«

Es wird immer wieder behauptet, Mission sei in Israel gesetzlich verboten. Das ist eine Halbwahrheit. Am 27. 12. 1977 wurde von der Knesseth folgendes Gesetz erlassen: »Wer einem Menschen Geld, Geldwert oder einen anderen materiellen Vorteil gibt oder verspricht, um ihn zu verleiten, seine Religion zu wechseln, oder damit er einen anderen Menschen verleitet, seine Religion zu wechseln, wird mit 5 Jahren Haft oder 50 000 IL Geldstrafe bestraft.«

Strafbar ist also nur der Religionswechsel, egal ob vom Judentum zum Christentum oder umgekehrt, der mittels Geld oder geldwerten Vorteilen vollzogen wurde. Damit wollte man die bis dahin wuchernde Unsitte stoppen, daß Missionen die Not der Neueinwanderer ausnutzten, ihnen Geld anboten, wenn sie dafür ihrer Kirche beitreten. Manche ließen sich, sobald sie wieder in Geldnot waren, mehrmals taufen. Die echten messianischen Juden standen in dieser Zeit in einem denkbar schlechten Ruf; man fragte sie, wie oft und für wieviel Geld sie sich taufen ließen. Nach diesem »Antimissionsgesetz« konnte man derartiges den messianischen Juden nicht mehr nachsagen. Dieses Gesetz half den messianischen Juden, denn es stellte ihren Ruf wieder her.

35.

»Ich habe den Eindruck, daß die messianischen Juden nicht nur von den Juden, sondern auch von der offiziellen Kirche ignoriert werden.«

Der Typ der Judenchristen, die heute messianische Juden genannt werden, ist relativ neu und daher vielen noch unbekannt. Das bisherige Image der Judenchristen war äußerst negativ, denn die zum Christentum konvertierten Juden legten nicht nur ihr Judentum ab, sondern wurden oft auch die häretischsten Judenfeinde, so daß sie zu Recht von den Juden als Verräter bezeichnet wurden. Als abtrünnige Juden biederten sie sich den Christen an, indem sie ihre ehemaligen Glaubensgenossen verfolgten. Als Apostaten fälschten sie sogar jüdische Schriften. Um ihren eigenen Übertritt zu rechtfertigen, denunzierten sie die Juden.

Und die allgemeine Kirche distanziert sich von den messianischen Juden, weil sie durch sie an das dunkle Kapitel ihrer Judenmission erinnert wird, wo durch Zwangspredigten und Zwangstaufen Juden missioniert wurden. Sie befürchtet, durch ihre Zuneigung zu den messianischen Juden erneut in den Verruf zu kommen, Judenmission zu betreiben, heute nur auf andere Weise.

36.

»Soll und darf man denn gar nicht mehr unter Juden in Israel missionieren?«

Ein wahrer Christ ist auch in Israel ein bekennender Christ, denn »er kann es ja nicht lassen, von dem zu reden, was er gesehen und erlebt hat« (Apostelgeschichte 4, 20). Ein Christ braucht und darf also in Israel sein Christsein nicht verschweigen oder gar verleugnen. Er darf und soll sein persönliches Christsein ehrlich und offen bekennen.

Die Antipathie der Juden richtet sich gegen eine vom Ausland organisierte Mission, die zwar Jesus verkündet, dabei aber Seelenkolonisation betreibt. Da werden Juden, die 2000 Jahre Verfolgung überstanden haben, vom Judentum abgeworben, katholisiert oder amerikanisiert, so daß man in Israel bangt: »Was der Holocaust nicht mit unseren Leibern schaffte, versucht die Mission nun mit unseren Seelen.«

Man sollte den Aufbau messianischer Gemeinden in Israel den Israelis überlassen. Sie allein haben das Recht dazu, und sie allein wissen, wie man es in Israel machen muß, damit Juden zur Erkenntnis ihres Messias kommen, ohne daß sie dabei ihrer Volkszugehörigkeit entfremdet werden.

37.

»An welchen Bibelteil glauben die messianischen Juden,
ans Alte oder an das Neue Testament?«

Für die messianischen Juden ist das Alte Testament genauso
verbindlich wie das Neue Testament und das Neue Testament dem Alten Testament gegenüber gleichberechtigt. Sie
sehen darin eine Einheit und nennen es »Heilige Schrift«.
Weil sie das Alte Testament in seiner Ursprache, in hebräisch lesen, bedarf es keiner sprachlichen Auslegung. Und
der in griechisch verfaßte Urtext des Neuen Testamentes
wird von ihnen wieder in seine »ursprüngliche Muttersprache« zurückübersetzt, denn die Evangelien wurden ja
auf hebräisch bzw. aramäisch weitergegeben und nicht auf
griechisch.
Der griechische Urtext des Neuen Testamentes ist also
schon eine Übersetzung. Man übersetzte damals das »hebräische Evangelium« in die griechische Sprache, so, daß
die Griechen, denen das Alte Testament und das Judentum
fremd war, die »Frohe Botschaft« verstehen und zum
Glauben an Christus kommen konnten. Nun kehrt es wieder zu seinem hebräischen Ursprung zurück. Dabei zeigt
sich immer deutlicher, daß das Alte und Neue Testament
gleichwertig und gleichberechtigt sind.

38.

»Welche Feste feiern die messianischen Juden, die jüdischen oder die christlichen?«

Zuerst einmal die biblisch-jüdischen Feste. Die neutestamentlichen Feste sind ja meist auch die alttestamentlichen. Die durch spätere christliche Tradition hinzugekommenen Feste werden nur gefeiert, wenn sie einen biblischen Bezug haben. Interessant dabei ist, daß alle alttestamentlichen Feste, die die Juden feiern, neutestamentlich auslegbar sind. An Jesus gläubige Juden können also unbesorgt die jüdischen Feste feiern. Auch Jesus feierte sie mit seinen Jüngern. Hier eine Auswahl der jüdischen Feste und ihre christlichen Parallelen:

Jom Kippur (Versöhnungstag):
Versöhnung durch des Lammes Blut.
Sukkoth (Laubhüttenfest):
Pilgerschaft zur ewigen Heimat.
Simchat Thora (Gesetzesfreudenfest):
Die Freude am HErrn ist unsere Stärke.
Pessach (Fest der Erlösung):
Befreiung aus der Sklavenschaft der Sünde.
Schawuoth (Wochenfest-Pfingsten):
Gottes Gesetz in unser Herz geschrieben.

39.

Jesus und seine Jünger, und auch die Urchristen waren Juden. Je mehr sich aber das Evangelium in der griechischen Geisteswelt und im römischen Weltreich ausbreitete, desto stärker wurden die hebräischen Christen verdrängt. Anfänglich amtierte in Jerusalem noch der »Bischof der Beschneidung«, der ein Jude voll Geistes und aus dem Hause Davids sein mußte. Bald wurden er und seine messianischen Juden von der römisch-hellenistischen Kirche geächtet. Damit begann im Jahre 321 der Lauf der allgemeinen Kirchengeschichte; aus dem Hebräer Josef wurde ein Ägypter, der jüdische Messias Jesus wurde zum heidenchristlichen Christos. Alles hatte seine heilsgeschichtliche Korrektheit, denn Jesus ging nicht ans Kreuz, um aus den Heiden Juden zu machen, sondern um sie zu erlösen.

Nun aber kehrt das jüdische Volk verheißungsgemäß in seine Heimat zurück. Damit schließt sich der heilsgeschichtliche Kreis; die messianischen Juden knüpfen wieder da an, wo ihre Glaubensväter vor 1800 Jahren aufgehört haben. Doch für viele Kirchenchristen ist das Leben der messianischen Juden zu jüdisch, denn die messianischen Juden lassen ihre Knaben beschneiden und sich als Erwachsene taufen — so, wie zu Anfang.

40.

»Müssen Nichtjuden messianische Juden werden?«

Nein! Gerade davor warnte Paulus, denn zu seiner Zeit existierte eine Bewegung, die aus den Heidenchristen zuerst Juden machen wollte, damit sie dann messianische Juden würden. Paulus warnte davor, daß Nichtjuden sich beschneiden lassen, weil man ihnen sagte, sie seien dann bessere Christen. Das erste Apostelkonzil (Apostelgeschichte 15) befand, daß den Nichtjuden keine jüdischen Gesetze auferlegt werden sollten, nur vom Götzenopferfleisch, Blutgenuß, vom Fleisch erstickter Tiere und von Unzucht sollten sie sich fernhalten. Die Christen jüdischer Herkunft aber blieben weiterhin den alttestamentlich-jüdischen Gesetzen verpflichtet.

Messianische Juden sind keinen Deut besser, mit keinem besseren Blut Jesu erkauft als die Heidenchristen. In Christo gibt es keinen Unterschied, da gibt es weder Jude noch Grieche. Nur die äußere Gestalt sieht unterschiedlich aus, da stehen die messianischen Juden als Juden in einer anderen Pflicht als die Christen aus den Nationen.

Israel
oder
Palästina?

41.

»Welche Bezeichnung ist gültig, Israel oder Palästina?
In meiner Bibel wird Israel Palästina genannt.«

In der Bibel wird Israel garantiert nicht Palästina genannt. Allerdings findet man in manchen Bibeln im Anhang Karten, auf denen steht »Palästina zur Zeit des Alten Testamentes« und »Palästina zur Zeit des Neuen Testamentes«. Erstens gehört dieser Anhang nicht zur eigentlichen Bibel und zweitens ist diese Bezeichnung eine Geschichtsverfälschung, die unbedingt korrigiert werden sollte, denn weder zur Zeit des Alten Testamentes noch zur Zeit des Neuen Testamentes gab es in diesen Grenzen ein Land und Volk namens »Palästina«.

Erst im Jahre 135 n. Chr. nannte der als Judenhasser und Christenverfolger in die Geschichte eingegangene römische Kaiser Hadrian Israel bzw. Judaea in Palästina um, was die griechische Bezeichnung für das Land der Philister war, die bei Gaza und Gat herrschten, ursprünglich aber aus dem Inselgebiet der Ägäis stammen. Mit dieser Bezeichnung der Feinde Israels wollte der römische Kaiser nach seinem Sieg über den jüdischen Bar-Kochba-Aufstand erreichen, daß man »des Namens Judäa Israel nimmermehr gedenke«. Er sollte nicht recht bekommen, die Juden und Israel überlebten sogar sein römisches Imperium.

42.

»Hat die Feindschaft zwischen den Israelis und den Palästinensern einen historischen Hintergrund?«

Daß ein geklebter Teller vornehmlich wieder an der alten Bruchstelle bricht, scheint sich auch in bezug auf die Völker zu bewahrheiten. Die Philister, die mehrfach in ägyptischen Inschriften als »Seevolk« aus der Ägäis erwähnt werden, ließen sich im 12. Jh. v. Chr. an der Ostküste des Mittelmeeres nieder und versuchten das israelitische Kernland zu erobern. Die Philister haben auch nichts mit den kanaanitischen Ureinwohnern zu tun, sie kamen erst, als die Israeliten schon dort waren. Als erbitterte Feinde der Israeliten führte ihre Bedrohung dazu, daß die Israeliten einen König über sich forderten, der sie erfolgreich gegen die Philister verteidigen konnte. Der Riese Goliath war zur Zeit des ersten israelitischen Königs Saul der Sprecher der Philister; er wurde von David besiegt.

Nur weil der römische Kaiser Hadrian dem Land Israel den Namen der Philister (Palästina) verlieh, beanspruchen alle in dieser Region lebenden Araber, Nachkommen der Philister zu sein. So vererbte sich ihre Feindschaft bis auf den heutigen Tag.

43.

»Warum erkennt Israel die Palästinenser nicht als Volk an?«

Hier muß erst einmal klargestellt werden, daß die heutigen Palästinenser nicht ein Volk im herkömmlichen Sinn sind. Bis zur Staatsgründung Israels 1948 waren alle, die in Erez-Israel (im Land Israel) lebten, Palästinenser, ob Jude, Christ oder Araber. Bis dahin gab es noch kein palästinensisches Volk. So waren selbst Israels Staatsgründer David Ben Gurion und Chaim Weizmann laut Paß »Palästinenser«. Die erste jüdische Tageszeitung in dieser Region hieß »Palestine Post« (die heutige »Jerusalem Post«). 1917, nach dem Sieg der Engländer über die Türken, die 400 Jahre über dieses Land herrschten und es »Syrien« nannten, wurde dieses Land britisches Mandatsgebiet und erhielt den Namen »Palestine«. Diese Bezeichnung sagt jedoch nichts über die Menschen aus, die darin lebten. Beduinen und Mönche, Drusen und Templer, Zionisten und Moslems, alle hießen Palästinenser. Erst 1964, offiziell erst 1968, taucht die Legende auf, daß die in Erez-Israel lebenden Araber das »Volk der Palästinenser« seien. Man schuf eine künstliche Volkszugehörigkeit, um mittels einer arabischen Volksfront Israel besser bekämpfen zu können.

44.

»Weil die Palästinenser kein Volk im üblichen Sinn sind,
sollen sie deswegen kein Land bekommen?«

Wenn man schon neue Bezeichnungen einführt, dann sollte
man sich auch konsequent daran halten. Auch wenn die
Palästinenser kein Volk im herkömmlichen Sinn sind, so
haben sie dennoch ein Recht auf Heimat. Das »Palästina«
unserer Neuzeit erhielt jedoch erst durch das britische
Mandat seine Grenzen, die 1922 in San Remo völkerrecht-
lich anerkannt wurden. Die offiziellen Palästina-Grenzen
umfaßten ein Gebiet, das zu 76 Prozent auf der Ostseite des
Jordans, also in Jordanien, und zu 24 Prozent auf der West-
seite des Jordans (Westbank) liegt, was ganz Israel und die
umstrittene »Westbank« beinhaltet.
Warum also beanspruchen die Palästinenser nur die West-
seite des Jordans, das biblische Heimatland der Juden? Bo-
denstruktur und Klima, Kultur und Lage sind diesseits und
jenseits des Jordans gleich. Es ist naheliegend, sich zu fragen, warum die Palästinenser nicht das dreimal größere
Land auf der Ostseite fordern? Liegt es vielleicht daran,
daß das Land Israel mittlerweile ein fruchtbarer Garten ist?
Solange es noch Wüste war, wollte es niemand haben, nun
begehren es alle.

45.

*»Durch die Einwanderung der Juden werden die Palä-
stinenser aus ihrer Heimat vertrieben.«*

Es klingt seltsam, wie die Welt sich um die Palästinenser
sorgt, daß sie ja nicht aus ihrer Heimat vertrieben werden.
Dabei wird unsere Generation einmal in die Geschichte
eingehen, die Generation mit den größten Völkerwande-
rungen gewesen zu sein; Millionen Menschen der Dritten
Welt und den Ostländern sind auf der Flucht – und kaum
jemand kümmert sich um sie. Nur um die Palästinenser
sorgt man sich so intensiv.
Dabei ignoriert man, daß die Palästinenser ja mit den Israelis zusammenleben könnten. In Israel (in den Grenzen
von 1967) sind schließlich 18 Prozent der Bevölkerung Araber und leben gleichberechtigt mit den Juden zusammen.
Wer jedoch nicht mit den Juden zusammenleben will, dem
stünde ein gleichwertiges, sogar dreimal größeres Land jenseits des Jordans offen; ein Land, das nur einen Steinwurf
weit entfernt liegt. Man muß also nicht »Israel ins Meer
treiben«, um als Palästinenser Raum zum Leben zu haben.
Die Palästinenser hätten also eine Heimat-Alternative, die
Juden dagegen nicht, denn für die Juden gibt es nur dieses
eine Land.

46.

»Gehen Israelfreunde nicht lieblos an dem Leid der Palästinenser vorbei?«

Eines steht fest, Besatzungsmacht ist und bleibt Besatzungsmacht. Auch wenn es den Palästinensern unter Israel wirtschaftlich besser ging als ihren Volksgenossen in den arabischen Nachbarländern, löste der psychologische Druck, unter einer Besatzungsmacht zu leben, negative Impulse aus.

Die UNO gab Anfang 1996 folgende Zahlen bekannt: vor Inkrafttreten der palästinensischen Autonomie ging es den Palästinensern, wirtschaftlich gesehen, unter israelischer Hoheit durchschnittlich 69 Prozent besser als ihren Volksgenossen in Jordanien (53 Prozent), Ägypten (71 Prozent) und Südlibanon (85 Prozent). Seit ihrer Abnabelung von Israel geht es den Palästinensern wirtschaftlich dreimal schlechter als vorher. Heute geben selbst Palästinenser zu, daß es ihnen wirtschaftlich nie so gut ging wie unter israelischer Besatzung.

Christen sollten, wenn sie für Israel beten, die Palästinenser in ihrer Fürbitte nicht ausklammern.

47.

»Warum wollen oder können die Palästinenser nicht mit den Israelis zusammenleben?«

Wenn die Palästinenser wollten, könnten sie mit den Israelis gut zusammenleben. Doch hier geht es nicht nur um ethnische Differenzen, sondern in zunehmendem Maß um religiösen Fanatismus, denn schließlich sind 97 Prozent der Palästinenser Moslems. Der immer militanter werdende islamische Fundamentalismus ist jedoch kein israelisch-palästinensisches Problem, sondern für die gesamte arabische Welt eine Gefahr, da braucht man nur nach Algerien, Sudan oder Iran zu schauen. Für die Moslems ist der Judenstaat ein religiöser Fremdkörper, gemäß dem Koran ein »Dar al-harb«, ein Kriegsgebiet. Religiöse Dogmen bleiben jedoch nur solange abstrakt, bis sie einen politischen Aufhänger gefunden haben. Für die fanatischen Moslems wurde die Forderung nach einem Palästinenserstaat mit Jerusalem als Hauptstadt der politische Auslöser des religiösen Konflikts. Klammerte man den religiösen Fanatismus, egal welcher Religion, aus, könnten Juden und Palästinenser gut zusammenleben.

48.

»Warum wollen die palästinensischen Christen nicht mit den Israelis zusammenleben?«

Von den Palästinensern sind nur drei Prozent Christen, also eine absolute Minderheit unter der palästinensischen Bevölkerung, die zu 97 Prozent moslemisch ist. Vor Aufkommen des islamischen Fundamentalismus in den 70er Jahren waren die palästinensischen Christen in erster Linie Palästinenser und haben sich für die »Palästinensische Befreiungsorganisation« (PLO) eingesetzt. Nun aber werden sie von ihren moslemischen Volksgenossen immer mehr als Christen gebrandmarkt. Auf Palästinenserfahnen und an Hauswänden findet man den Slogan: »Am Sabbat töten wir die Juden und am Sonntag die Christen!« So etwas schüchtert ein. Seit dem Abzug der Israelis, die bis dahin für die Christen so etwas wie eine Schutzmacht waren, sind die Christen in den palästinensischen Autonomiegebieten den Moslems hilflos ausgeliefert. Nach Angabe palästinensischer Christen gibt es für sie drei Überlebensmöglichkeiten:
1. man heult mit den Wölfen, zeigt sich israelfeindlicher als die anderen;
2. man verläßt das Land, geht entweder in israelisch kontrollierte Gebiete oder ganz ins Ausland;
3. man nimmt den Kampf gegen die fanatischen Moslems auf, was lebensgefährlich ist (siehe Libanon).

49.

»Gibt es eine Lösung, durch die Palästinenser und Israelis zusammenleben könnten?«

Ja! 1991 legte Israels damalige konservative Regierung in Madrid den Araberstaaten einen Autonomieplan zur Lösung des Konfliktes nach dem Schweizer Vorbild vor. So wie es in der Schweiz z. B. deutschsprachige und französischsprachige Gebiete gibt, die auch kulturell unterschiedlich sind, aber unter einer Regierung ein Volk bilden, so sollte es nach dem damaligen Plan auch in Israel sein. Hebräischsprachige jüdische Gebiete und arabischsprachige palästinensische Gebiete, die lokal-autonom, unter einer Regierung mit einem freigewählten Parlament aus jüdischen und palästinensischen Abgeordneten, in einem Staat zusammengefaßt sind. Leider kam zeitgleich der islamische Fundamentalismus dazwischen, der gegen jedes Zusammenleben mit den Israelis ist. Damit war die Idee des autonomen Zusammenlebens gestorben, nur der Titel »Autonomieplan« blieb noch in der Fortführung des Oslo-Abkommens. Eine verpaßte Sternstunde; das sehen bereits auch immer mehr Palästinenser ein. Das durch Rabin und Peres begonnene Oslo-Abkommen läuft auf staatliche Trennung hinaus, wodurch in dieser eng zusammengewürfelten Region unweigerlich neue Probleme vorprogrammiert werden.

50.

»Gibt es keine echte Friedenslösung in Nahost?«

Doch, es wird in Israel Frieden geben! Auch wenn sich die derzeitige Friedenslösung als Trojanisches Pferd entpuppt, hat Israel dennoch eine Hoffnung. Religiöse Juden und gläubige Christen wissen aus der Bibel, daß ehe der wahre Messias erscheint, zuvor der Antichrist kommen wird; daß bevor der wahre Friede kommt, zuvor ein Scheinfrieden die Menschen irreführen wird. Daher warnt Paulus: »Was aber die Endzeitstunde betrifft, so wißt ihr, daß der Tag des HErrn kommt wie ein Dieb in der Nacht. Darum, wenn die Kinder der Nacht sagen werden: Jetzt herrscht ›Frieden und Sicherheit‹, gerade dann überfällt sie das Verderben plötzlich, wie die Wehen eine schwangere Frau« (1. Thessalonicher 5, 1-3). Jüdische Talmudlehrer nennen diese Zeit »Zeit der Geburtswehen des Messias«, in der kurz vor dem Kommen des Friedefürsten eine Zeit des Krieges und des Terrors für schmerzhafte Wehen sorgt. Wehen aber sind keine Krankheit, die zum Tode führt, sondern die letzte, leider schmerzhafte, Passage hin zum freudigen Ereignis. Wir können also ganz offen die schmerzhaften Dinge beim Namen nennen und dennoch voller Hoffnung sein, wohlglaubend, daß gerade die Wehen das sicherste Anzeichen für das bevorstehende freudige Ereignis, Gottes wahren Frieden auf Erden, sind.

Brennpunkt
Jerusalem

51.

»Wie alt ist Jerusalem?«

Der Name »Jerusalem« taucht zum ersten Mal in einem keilschriftlichen Armana-Brief aus dem 14. Jh. v. Chr. auf und heißt darin »Urusalim«. Melchisedek, der »König des Friedens«, wird mit Urusalim in Zusammenhang gebracht. Im Jahre 1004 v. Chr. eroberte König David die Jebusiterstadt und ihre Festung Zion (2. Samuel 5; 1. Chronik 11). David erklärt daraufhin »Jeruschalajim«, wie Jerusalem auf hebräisch heißt, zur »ewigen Hauptstadt Israels«. König Salomo läßt in Jerusalem den Tempel des Gottes JHWH erbauen und macht damit Jerusalem zum zentralen Gottesdienstort.

Im Jahre 586 v. Chr. wird Jerusalem und der Tempel durch den babylonischen König Nebukadnezar zerstört und 537 v. Chr. wieder aufgebaut. 70 n. Chr. zerstören die Römer Jerusalem und führen das jüdische Volk ins Exil. Jerusalem durchlebt danach eine wechselvolle Geschichte mit Römern, Byzantinern, Moslems, Kreuzrittern, Türken, Briten und Jordaniern, bis die Israelis 1967 Jerusalems Altstadt eroberten. 1980 erklärte das israelische Parlament, entgegen arabischem und internationalem Protest, Jerusalem erneut zur »ewigen Hauptstadt Israels«.

52.

»Warum ist Jerusalem für die Juden so wichtig?«

Anders als bei den übrigen Hauptstädten in der Welt ist Jerusalem für das jüdische Volk zugleich Glaubenszentrum. Noch ehe König David Jerusalem eroberte, zog Abraham zum Berge Morija, der heute im Herzen Jerusalems liegt, um hier seine Liebe zu Gott unter Beweis zu stellen, indem er bereit war, seinen Sohn Isaak zu opfern. Lange vor den Jebusitern und den Zehn Geboten vom Sinai begann in Jerusalem, als es noch kein Jerusalem gab, die große Liebesgeschichte zwischen Gott und Israel. Hier schloß Gott mit Abraham einen ewigen Bund, hier schwor er seinem Volk Israel, das erst noch entstehen mußte, es nie zu verlassen. Darum wenden die Juden beim Beten ihr Angesicht in Richtung Jerusalem, was die Christen bis ins 4. Jh. übrigens auch taten. Zu den Bekenntnissen der Juden gehört: »Vergesse ich dein, Jerusalem, so werden meine Rechte annulliert« (Psalm 137). Jerusalems legendärer Bürgermeister Teddy Kollek sagte einmal: »Man kann notfalls ohne Bein oder Arm leben, nicht aber ohne Herz — Jerusalem ist das Herz des jüdischen Volkes.« Aus der ständigen Sehnsucht nach Jerusalem, dem religiösen Zionismus, erwuchs der politische Zionismus, der 1948 zur Gründung des Judenstaates Israel führte.

53.

»Welchen Stellenwert hat Jerusalem für Christen?«

In Bethlehem, sieben Kilometer südlich von Jerusalem, wurde Jesus Christus geboren, in Nazareth verbrachte er seine Jugendjahre, in Galiläa tat er Zeichen und Wunder, doch in Jerusalem starb er am Kreuz für die Sünden der Welt, stand drei Tage danach vom Tode auf und fuhr vom Ölberg aus gen Himmel, da, wo er auch wiederkommen wird. Auf dem Zionsberg in Jerusalem kam der Heilige Geist über die ersten Jünger, d. h. in Jerusalem stand die Wiege des Christentums. Damit wurde die Verheißung weltweit: »Von Zion wird das Gesetz ausgehen und das Wort des HErrn von Jerusalem« (Jesaja 2, 3). Für viele Christen ist Jerusalem nur ein Museum biblischer Geschichten. Für andere ist Jerusalem ein Prestige-Ort, denn in der Heiligen Stadt eine Niederlassung zu haben, kommt einem »Vorzimmer zum Himmel« gleich. Daß Jerusalem für die Christen eine Herausforderung ist, wollen viele nicht wahrhaben, ihnen fällt es immer noch schwer, dem Aufruf zu folgen: »Tröstet, tröstet mein Volk! spricht euer Gott; redet herzlich zu meiner Stadt Jerusalem und ruft ihr zu, daß ihre Leidenszeit ein Ende erreicht« (Jesaja 40, 1-2).

54.

»Ist Jerusalem nicht auch für die Moslems eine heilige Stadt?«

Immer wieder wird behauptet, daß Jerusalem (arabisch: El-Quds) im Koran vorkomme, weil von »Jerusalem aus Mohammed seine Nachtreise in den Himmel antrat«. Dafür aber gibt es keinen Beweis, denn Jerusalem wird nicht ein einziges Mal im Koran erwähnt. In der besagten Sure 17 ist nur von einem »entfernten Ort« die Rede. Bis zum Jahre 923 erwähnt kein arabischer Historiker damaliger Zeit die Stadt Jerusalem als heiligen Ort der Moslems. Die erst 300 Jahre nach Mohammed aufgetauchte Legende, daß der »entfernte Ort« Jerusalem sei, entspringt dem religionspolemischen Machtstreit der Moslems, die darauf bestanden, daß ihr Prophet vom gleichen Ort wie Jesus gen Himmel fuhr.

Dazu kam der wirtschaftliche Aspekt, der durch den Bau der Moschee Al-Aksa (die Entfernte) die Mekka-Pilger zuerst nach Jerusalem lenkte, wodurch das zerfallene Jerusalem wirtschaftlich aufblühte. Bis zum heutigen Tag werden keine Pilgerfahrten nach Jerusalem unternommen, d. h. praktisch bewerten die Moslems Jerusalem nicht als Pilgerort. Jerusalem wurde bei den Moslems erst in letzter Zeit wieder relevant: als Aufforderung zum Heiligen Krieg (Djihad) gegen Israel.

55.

»Wenn ich an Jerusalem denke, fällt mir nur seine biblische Geschichte ein.«

Zugegeben, Jerusalem ist verglichen mit den Metropolen der Welt, ein Dorf; New York ist fünfzehnmal, Berlin fünfmal größer. Mit seinen 590 000 Einwohnern ist es gerade so groß wie Stuttgart, wird aber in den internationalen Medien häufiger erwähnt als Washington oder Moskau. Manche meinen, daß erst jetzt wieder Juden in Jerusalem leben. Das stimmt nicht, denn bereits die erste neuzeitliche Volkszählung belegt, daß schon im Jahre 1844 die Mehrheit der Jerusalemer Bürger Juden waren, nämlich 7120 Juden, 5000 Moslems und 3390 Christen. 1996 zählte Jerusalem 442 000 Juden, 132 000 Moslems und 16 000 Christen.

Das in 800 Meter Höhe gelegene Jerusalem ist eine Stadt der Klerikalen und Beamten, der Wissenschaft und des Tourismus. Industrie gibt es kaum. Man sagt nicht umsonst: in Tel Aviv wird getanzt, in Haifa gearbeitet und in Jerusalem gelehrt und gebetet.

In Jerusalem, der Hauptstadt Israels, befindet sich das Parlament (Knesseth) und Israels Oberster Gerichtshof, und auf dem schon seit Talmudzeiten so bezeichneten »Berg des bösen Rates« liegt das UNO-Hauptquartier für den Nahen Osten.

56.

»Hat Jerusalem eine Zukunft?«

Wer an Jerusalems Zukunft denkt, dem fällt oft nur das himmlische Jerusalem aus dem 21. Kapitel der Offenbarung des Johannes ein. Über Jerusalems Zukunft sagt der Prophet Sacharja: »Jerusalem wird für die umliegenden Völker zu einem Taumelbecher (12, 2), was allen Völkern der Erde zu einem Laststein wird, den sie wegheben wollen (12, 3). So geraten die Jerusalem umgebenden moslemischen Völker zusehends in einen Rausch des »Heiligen Krieges«. Dieser Wahnzustand wird allen Völkern der Erde zu einer Last, den sie auf UNO-Ebene lösen wollen. Daher warnt Sacharja, daß Gott einmal alle Völker danach richten wird, wie sie sich Jerusalem gegenüber verhalten haben (12, 9). Dennoch hat Jerusalem eine verheißungsvolle Zukunft: das Haus Gottes in Jerusalem wird zum Bethaus werden für alle Völker (Jesaja 56, 7), denn der HErr kehrt nach Zion zurück und wird wieder inmitten Jerusalems Wohnung nehmen, und Jerusalem wird wieder voll fröhlichen Lachens sein (Sacharja 8).

PS:
Möchten Sie regelmäßig aus erster Hand und direkt aus Jerusalem informiert werden, dann abonnieren Sie Ludwig Schneiders monatliche »Nachrichten aus Israel«: NAI, POB 10117, 93503 Jerusalem.

Israel
und seine
Kriege

57.

»Warum gab und gibt es um Israel immer Krieg?«

Um keine Stadt wurde so erbittert gekämpft wie um Jerusalem, um kein Land gab es so viele Kriege wie um Israel, kein Volk wurde derart verfolgt wie die Juden. Fragt man die Juden, was ihnen das »Auserwähltsein« gebracht hat, hört man: »Nur Haß und Krieg!« Und der Trost: »Für etwas, was wertlos ist, stirbt man nicht!«, bringt keine Toten wieder zum Leben.

Über tausend Jahre lag das Land Israel als Wüste und Sumpf da, nicht einmal die Nomaden wollten dort seßhaft werden. Jetzt, nachdem aus der Wüste ein fruchtbarer Garten wurde und auf den Ruinen aus biblischer Zeit wieder blühende Städte entstehen, verlangen die Araber das gelobte Land für sich. Weil es jetzt wieder Wert hat, wird wieder darum gekämpft.

Solange Josef gekleidet war wie alle anderen, hatte er Ruhe; als sein Vater Jakob ihn jedoch auserwählte und ihm den bunten Rock schenkte, wurden seine Brüder voll Neid, und die Verfolgung begann. Diese böse Regel ist leider immer noch gültig.

58.

»Wenn ich durch Israel fahre, sehe ich überall bewaffnete Israelis, provoziert das nicht die Araber?«

Fremde übersehen, daß das Verhalten der bewaffneten Israelis bereits die Reaktion auf eine vorangegangene Aktion ist. Ein Volk, das von Terroristen angegriffen wird, stellt sich darauf ein. Wo in den arabischen Ortschaften muß man, wie in den israelischen Städten, gegen Bomben abgesicherte Mülleimer aufstellen? Oder wo müssen arabische Schulklassen von bewaffneten Wächtern beschützt werden? Warum müssen sich die Araber nicht derart schützen? Weil sich der jüdische Extremismus nicht annähernd so aggressiver Mittel bedient wie der arabische. Das erinnert an ein Beispiel von Ephraim Kishon: da wird ein Mann mit Dreck beworfen und hinterher zeigt man auf ihn: Seht, wie schmutzig er ist.

Unaufhörlich wurde Israels Norden mit Katjuscha-Raketen aus dem Libanon beschossen. Die Israelis in Kirjat-Schmona lebten fast nur noch in Luftschutzräumen. Niemand in der Welt nahm davon Notiz. Als jedoch Israel auf diese Terror-Aktionen reagierte und zurückschlug, protestierte die ganze Welt gegen den »Aggressor« Israel.

59.

»Verläßt sich Israel nicht zu sehr auf sein Militär?«

Ich weiß nicht, ob Sie schon einmal in Israel bei einer Soldatenvereidigung dabei waren. Die Soldaten stehen stramm. Der Offizier brüllt ihnen die Worte aus Josua 1 zu: »Seid mutig und stark, wie mit Mose will Gott auch mit euch sein!« Dann reißt er ihnen das Uniformhemd auf und klemmt ihnen eine Bibel auf die Herzseite. Nun läuft der Soldat zum nächsten Offizier und salutiert. Hier wird ihm ein Gewehr in die Hand gedrückt. Nun steht er da, mit der Bibel auf der Brust und der Waffe in der Hand. Seine Brust schwillt an vor Stolz. Den Eltern kommen die Tränen. Da steht ihr Junge — ein Held!

Und wenn sie so richtig vor Stolz abheben, ertönt über den Lautsprecher die Stimme des Militärrabbiners: »Und es soll nicht durch Heer oder Kraft geschehen, sondern durch meinen Geist, spricht der HErr der Heerscharen« (Sacharja 4). Damit kommt man wieder auf den Boden der Realität, denn letzlich ist Israel, auch wenn seine Soldaten drei Jahre gedrillt werden und danach jedes Jahr zum Reservedienst müssen, der feindlichen Übermacht nicht gewachsen. Das militärische Kräfteverhältnis der arabischen Nachbarstaaten liegt gegenüber Israel derzeit bei 16 : 1 zuungunsten Israels.

60.

»Wie kann man da leben, wo dauernd Krieg ist?«

Das frage ich mich auch. Dabei ist zu beachten, daß alle fünf Kriege Israel aufgezwungen worden sind:
1948 — der Unabhängigkeitskrieg;
1956 — der Sinai-Feldzug;
1967 — der Sechstagekrieg;
1973 — der Jom-Kippur-Krieg;
1982 — der Libanon-Krieg.
Dazu kommt eigentlich noch der Zermürbungskrieg von 1969-1970 und der permanente Terror.
Seit der Staatsgründung Israels 1948 kamen bis Mitte 1996 über 18 000 Israelis durch Krieg und Terror ums Leben; auf der Feindseite kamen nach arabischen Angaben in derselben Zeit 72 000 Araber um — jeder, egal auf welcher Seite — ist zuviel. Die Bitte um Frieden ist heute relevanter als je zuvor.

61.

»Hat Israel nicht durch seinen Unabhängigkeitskrieg 1948 das palästinensische Flüchtlingsproblem ausgelöst?«

Obwohl die Vereinten Nationen 1947 mit ihrem Teilungsplan die Gründung eines Judenstaates in dem damaligen »Palästina« beschlossen, der nach Ende des britischen Mandats, am 14. Mai 1948, in Kraft trat, weigerten sich die arabischen Nationen, den Mehrheitsbeschluß der UNO zu akzeptieren. 160 Millionen Araber erklärten dem gerade ausgerufenen Staat Israel mit seinen 650 000 Juden den Krieg. Rein menschlich gesehen lag es auf der Hand, wer als Sieger hervorgehen würde; daher riefen die arabischen Kriegsherren ihre Volksgenossen auf, das Land für zwei Wochen zu verlassen, denn »unsere Bomben können nicht zwischen Juden und Arabern unterscheiden, wenn wir die Juden ausbomben und den Rest ins Meer treiben.« Daraufhin verließen Tausende Araber diese Region, in der Hoffnung, nach zwei Wochen »über Berge von jüdischen Leichen zurückkehren und ihre Häuser plündern zu können.« David Ben Gurions Motto: »Wer nicht an Wunder glaubt, ist kein Realist« ging in Erfüllung, Israel siegte wider Erwarten. Doch damit waren die Araber draußen, das palästinensische Flüchtlingsproblem nahm seinen Anfang.

62.

»Waren die Araber wirklich so israelfeindlich?«

Hier einige Äußerungen arabischer Führer:
Azzam Pascha, der Generalsekretär der Arabischen Liga, erklärte am 15. Mai 1948: »Dies wird ein Vernichtungskrieg gegen Juden, wie die Kreuzzüge und Blutbäder der Mongolen zusammen.«
Amin al-Husseini, der Mufti von Jerusalem, rief am 17. Mai 1948 zum Heiligen Krieg auf: »Schlagt die Juden tot! Bringt sie alle um!«
Gamal Nasser, Präsident von Ägypten, erklärte neun Tage vor dem Sechstagekrieg, am 27. Mai 1967: »Unser Ziel ist die totale Vernichtung Israels.«
Hafez Assad, Präsident Syriens, verkündete beim Überraschungsangriff des Jom-Kippur-Krieges am 16. Oktober 1973: »Wir werden keine Ruhe geben, bis auch der letzte Zionist vernichtet ist.«
Jassir Arafat, Führer der PLO, erklärte am 8. Mai 1979: »Friede heißt für uns die Zerstörung Israels. Wir stellen uns auf einen langen Krieg ein, der alle Mittel und Tricks erlaubt. Wir werden nicht eher ruhen, bis Israel verschwunden ist.«
Und als Friedensnobelpreisträger erklärte Arafat am 22. Dezember 1995 bei seinem Einzug in Bethlehem: »Mit Blut und Schwert werden wir unser Ziel erreichen; gestern Gaza und Jericho, heute Bethlehem, morgen Jerusalem und ganz Palästina!«

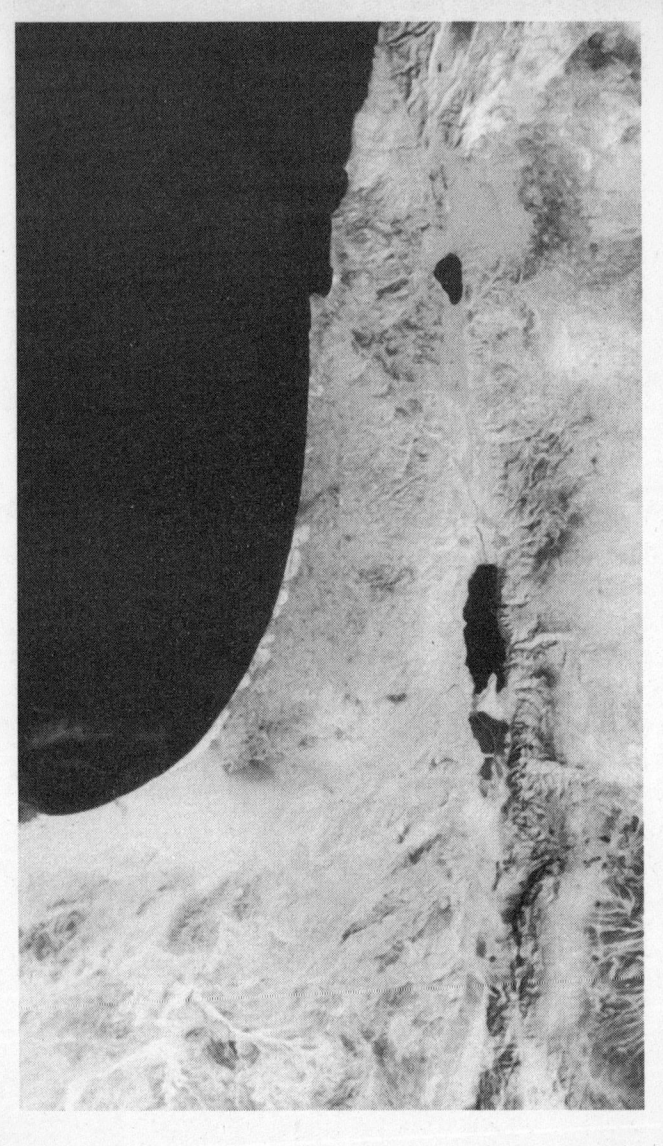

Israel
und seine
Nachbarn

63.

»Was fürchten die Araber so an Israel?«

Die Araber fürchten ihren eigenen Schatten. Wenn man Israel mit den Araberstaaten vergleicht, muß Israel sich fürchten und nicht die Araber.

Fläche:
Die Araberstaaten sind flächenmäßig 614mal größer als Israel. In Israel leben auf einem Quadratkilometer 226 Menschen, in den arabischen Ländern auf einem Quadratkilometer nur 18.

Bevölkerung:
Die moslemischen Araberstaaten verfügen über 1,2 Milliarden Menschen, Israel dagegen nur über 5,8 Millionen, von denen nur 4,8 Millionen Juden sind. Das Verhältnis liegt also bei 1:250.

Diplomatie:
Von den 185 UNO-Mitgliedstaaten sind 52 Staaten islamische Völker, demgegenüber ist Israel der einzige Judenstaat, was sich bei demokratischen Abstimmungen immer negativ auf Israel auswirkt.

Militär:
Das militärische Kräfteverhältnis zwischen Israel und seinen arabischen Nachbarstaaten liegt laut Angaben des Londoner Militär-Institutes im Wert bei 1:16 gegen Israel.

64.

»Wer sind eigentlich die Araber?«

Es wäre zu einfach beantwortet, wenn man sagen würde: Die Araber sind Semiten; das stimmt nur zum Teil, schließlich sind die Juden auch Semiten. Demnach müßte ein Antisemit folgerichtig auch ein Antiaraber sein. Zu sagen, daß die Araber Nachkömmlinge der Ismaeliten seien, die von Abrahams verstoßenem Sohn Ismael abstammten, wäre nicht korrekt, denn unter dem Begriff »Araber« versteht man heute alle Völker, deren Sprache »Arabisch« ist. Was die Araber vereint, ist ihre gemeinsame Sprache, denn es gibt ja auch christliche Araber, die arabisch sprechen; so ist der Islam als Religion also nicht das, was die Araber vereint. In der Bibel tauchen die Araber als »Söhne des Morgenlandes« oder auch als Amalekiter und Midianiter auf, später sah man darin hauptsächlich die Beduinen als Wüstenbewohner.

65.

»Warum gelingt es Israels arabischen Nachbarstaaten nicht, ebenso wie Israel, aus ihrer Wüste auch ein fruchtbares Land zu machen?«

Dafür gibt es mehrere Hypothesen.

Solange die Juden zerstreut unter alle Völker fern der Heimat waren, lag das Land Israel als Wüste und Sumpf da, weder Kreuzfahrer noch Türken konnten ihm Fruchtbarkeit abgewinnen. Jetzt, wo die Juden heimkehren, wird es plötzlich fruchtbar, wacht aus seinem Dornröschenschlaf auf, denn der rechtmäßige »Prinz« ist wieder da. Biblisch gesagt, das Volk der Verheißung ist wieder im Land der Verheißung. An Gottes Segen ist alles gelegen.

Die Araber verfallen, als Gefangene ihrer Religion, oft dem Fatalismus, begnügen sich mit dem, was ihnen ohne viel Fleiß zufällt. Ihnen fiel z. B. das Erdöl zu — das machte wiederum lässig, das Land blieb nur notdürftig bearbeitet liegen.

Vielleicht liegt es auch daran, daß die Araber viel mehr Geld für Waffen ausgeben als für den wirtschaftlichen Aufbau ihres Landes.

Durch Frieden mit Israel würden die Araber von den Erfahrungen der Israelis profitieren, wie man aus der Wüste einen fruchtbaren Garten macht.

66.

»Weil Israel die besseren Böden und Wasserquellen besitzt, wächst es bei ihnen besser als bei den Arabern.«

Kurios, aber wahr. Als Anfang dieses Jahrhunderts die Juden nach Erez-Israel kamen, lag das Land als Wüste und Sumpf vor ihnen. Die Juden aus Europa waren meist Akademiker und Händler, hatten also von Ackerbau und Viehzucht keine Ahnung. Die Araber wußten um die Unkenntnis der Juden in landwirtschaftlichen Dingen und verkauften ihnen Böden, um die Araber und schwäbische Templer einen weiten Bogen machten, nämlich den roten Sandboden, von dem es damals hieß: »Rote Erde — tote Erde«. Juden ließen sich diese »tote Erde« andrehen — und siehe da, daraus wurde der fruchtbarste Boden des Landes, worauf die Jaffa-Orangen so gut gedeihen und weltberühmt wurden.

30 Prozent des Wassers, von dem Israel lebt, kommen von den Golan-Höhen, weitere 40 Prozent des Wassers kommen vom Bergland Judäa und Samaria. Wenn es nach dem Oslo-Friedensabkommen geht, haben die Araber bald 70 Prozent des für Israel lebensnotwendigen Wassers unter ihrer Kontrolle. Weil Israels Erfolg vom Wasser abhängig ist, erfanden Israelis die Tropfanlage, wodurch die Bewässerung gezielt und sparsam eingesetzt wird.

67.

»Warum können Juden und Araber nicht als Nachbarn zusammenleben?«

Wer sagt, daß Juden und Araber nicht zusammenleben können? Wenn sie wollten, könnten sie! Sofort, nachdem sich Israels Premierminister Rabin und PLO-Chef Arafat in Washington zum ersten Mal die Hände reichten, interviewte ich in Jerusalem zehn Palästinenser.

Alle zehn Palästinenser bekannten, daß sie mit den Juden zusammenleben möchten, und, wie die Vergangenheit gezeigt habe, auch mit ihnen zusammenleben können. Als dies gerade mein siebter Gesprächspartner sagte, stürzte ein Palästinenser herein, der mir vorher gerade dasselbe bekannte. Sofort schwenkte mein Interviewpartner um und tönte, daß nur ein Palästinenserstaat ohne Juden die Lösung sei. Das zeigt, in Wahrheit möchten alle mit den Israelis zusammenleben, sind aber durch die Terroristen, die sie dann als Kollaborateure verfolgen würden, derart eingeschüchtert, daß einer vor dem anderen Angst hat. Die Angst, selber Opfer ihrer radikalen Brüder zu werden, ist größer als die Hoffnung auf ein friedliches Zusammenleben.

68.

»Es gibt doch auch jüdische Terroristen.«

Ja, leider! Mit Schrecken denke ich dabei an den rechtsextremen Juden Baruch Goldstein, der im Hebroner Grabgebäude der Erzväter 32 Moslems erschoß. Oder an Jigal Amir, der Israels Ministerpräsident Rabin tötete. Beide wollten »Gott helfen« und taten genau das Gegenteil. Die Geschichte zeigt, daß es den Juden näher liegt, »wie ein Schaf zur Schlachtbank zu gehen«, als selbst andere umzubringen. In Israel werden jüdische Terroristen als Mörder verurteilt, bei den Arabern dagegen werden arabische Terroristen als Helden gefeiert. Gott sei Dank: bisher hat noch kein israelischer Regierungschef das jüdische Volk aufgefordert, in den »Heiligen Krieg« zu ziehen, um andersgläubige Zivilisten zu töten. Israels Regierung ruft nicht wie die Machthaber des Iran, Sudan und Libyen das Volk auf, als Selbstmordterroristen unschuldige Buspassanten in die Luft zu sprengen. Leider gibt es auch jüdische Terroristen. Doch sie werden von Israels Obrigkeit verfolgt und nicht gefördert.

69.

»Die Araber fürchten ein Groß-Israel; sagt nicht auch die Bibel, daß Israels zukünftige Grenzen einmal vom Nil bis zum Euphrat reichen?«

Übereifrige Bibelforscher sehen in den verheißenen Grenzen Israels ein Superreich, das vom nördlichen Euphrat bis zum südlichen Nil reicht. Sie berufen sich dabei auf die Verheißung Gottes an Abraham: »Deiner Nachkommenschaft will ich dieses Land geben vom Bach Ägyptens bis an den großen Strom Euphrat« (1. Mose 15,18). Dabei übersehen sie, daß diese Verheißung an Abraham, den »Vater vieler Völker«, der gesamten Nachkommenschaft Abrahams, allen seinen acht Söhnen galt (1. Mose 25). 800 Jahre später gab Gott durch den Propheten Hesekiel (47,13-20) detailliert die Grenzen des zukünftigen Judenstaates bekannt, der eingebettet liegt in den semitischen Völkern der übrigen Nachkommen Abrahams. Nach Angaben der Professoren Yohanan Aharoni und Avi-Yonah sehen Israels zukünftigen Grenzen so aus:

Im Süden von El-Arisch durch den halben Negev, ohne Eilat; im Osten am Jordan hinauf bis zum See Genezareth, dann östlich bis Ghadir Mingar hin zum Berg Bilas, im Norden westwärts nach Tripoli. Im Süden wird Israel kürzer, dafür kämen ⅘ des Libanon und halb Syrien, inklusive Damaskus, hinzu.

70.

»Bringt ein Nahost-Frieden für Araber und Israelis überhaupt wirtschaftliche Vorteile mit sich?«

Der Nahe Osten ist reich an Kulturen. Schon in der Frühzeit der Menschheitsgeschichte pulsierte zwischen Babylon und Luxor, zwischen Jerusalem und Damaskus eine hochentwickelte Kultur und Wirtschaft. Als Germanien und Nordamerika noch im tiefsten Dunkel lagen, war diese Region schon von einem Straßennetz mit blühenden Geschäftsmetropolen durchzogen. Prächtige Orte wie Persepolis und Petra, Biblos und Baalbek, Ur in Chaldäa und Palmyra, Alexandria und Cäsarea, Ophir am Roten Meer und Jaffo am Mittelmeer sorgten für einen lebhaften und lukrativen Austausch von Waren und Kulturen. All dies würde wieder aufblühen, sobald die Völker dieser Region sich im Frieden vereinten. Vielleicht bildet das in der Bibel verheißene Groß-Israel (Hesekiel 47) dafür die Basis? Im Zuge derzeitiger Friedensverhandlungen werden schon Pläne ausgetauscht, die nicht nur Touristen aus aller Welt in diese Region locken sollen, sondern auch an die Blütezeit früherer Zeiten erinnern.

Israels
Land
und Leute

71.

»Israel kommt mir immer so bunt vor, wo kommen die Israelis alle her?«

Israel darf man noch nicht mit anderen alteingesessenen Völkern vergleichen, denn es ist immer noch ein Einwandererland. Seit 1948 wanderten Juden aus 143 Ländern nach Israel ein. Nach fast 2000jähriger Zerstreuung unter alle Völker, kehren die Juden nun zurück. Aus Äthiopien kommen sie schwarzgebrannt und aus Rußland weißgebleicht, und die Bibel sagt, daß alle zurückkommen werden. Sie kommen bettelarm in Israel an, alles, was sie in ihrem Gepäck haben, ist ihre Sprache und Tradition. Allein in den sechs Jahren von 1990 bis 1995 kamen 710 000; das ist für so ein kleines Volk wie Israel äußerst viel. Die Alten bleiben in Israel so, wie sie sind, man will sie nicht verändern, das macht das Volk so bunt. Doch die Kinder werden eine ganze neue Mischung, die sind nicht mehr amerikanisch, russisch oder jementisch, sondern frech, schön und typisch israelisch.

72.

»So oft ich in Israel bin, entdecke ich immer neue Land-
schaften.«

Das Land Israel könnte Gott bei der Schöpfung als Palette
benutzt haben, denn von allem, was es in der Welt gibt,
scheint es in Israel einen Tupfer zu geben. Israel ist klein, es
hat eine Gesamtfläche von nur 27 817 Quadratkilometern.
Wenn man Lust hat, kann man an einem Tag in vier Meeren
baden: in Akko am Mittelmeer frühstücken, in Tiberias am
Galiläischen Meer (See Genezareth) Mittagessen, in En
Gedi am Toten Meer Kaffeetrinken und in Eilat am Roten
Meer zu Abend essen. Man kann vormittags im Roten
Meer schnorcheln und sich abends im Schnee des Hermon
tummeln. Von den Golan-Höhen, dem äußersten Norden,
bis nach Eilat im tiefsten Süden sind es nur 450 Kilometer;
und quer durch Israel, vom Jordan bis nach Tel Aviv, sind es
knappe 100 Kilometer. Dazwischen liegt Wald und Wüste
mit einem Höhenunterschied von 400 Meter unter dem
Meeresspiegel bis 850 Meter über dem Meeresspiegel. Eine
Woche reicht, um die ganze Familie glücklich zu machen:
Mutter liebt die Blumen, den Oleander und die wilden
Orchideen, Vater genießt die historischen Stätten in Jerusalem, die Söhne trampen mit Kamelen durch die Negev-
Wüste, und die Töchter liegen irgendwo am Strand.

73.

»Meine Oma erzählt mir immer von den heiligen Stätten; gibt es in Israel auch Modernes?«

Rund 90 Prozent der Israelis leben in Städten, von denen Jerusalem, Tel Aviv und Haifa die größten sind. Haifa ist das Büro- und Industriezentrum, Jerusalem die Stadt der Gelehrten und Religionen. Und Tel Aviv ist Israels Lebestadt. Hier pulsiert das moderne Leben, hier bestimmt die Jugend die Szene. Viele kennen in Tel Aviv nur die Diamanten-Börse. Das moderne Tel Aviv, Israels Manhattan, gerade 90 Jahre jung, macht müde Typen wieder munter. In Tel Aviv reihen sich die Kunstgalerien und Musikschuppen wie Perlen an eine Gucci-Kette. Von Tel Aviv aus exportiert Israel seine schickste Mode in alle Welt.

Eigenartig, wer in Tel Aviv lebt, will nichts von Jerusalem wissen, und wer in Jerusalem lebt, winkt ab, wenn man von Tel Aviv spricht — dabei liegen nur 50 Kilometer dazwischen.

74.

»Ich habe gehört, alle Israelis leben in Kibbuzim.«

Stopp, das stimmt nicht, denn keine drei Prozent der israelischen Bevölkerung lebt in Kibbuzim, den landwirtschaftlichen Kommunen, von denen es in Israel 272 gibt. Der erste Kibbuz, der Kibbuz Degania am See Genezareth, wurde 1909 gegründet. Die ersten Juden, die nach Erez-Israel zurückkehrten, waren Pioniere aus Rußland, Polen und Europa, die von sozialistisch-zionistischen Idealen beseelt waren und sich zusammentaten, um Gemeinschaftssiedlungen zu gründen, in denen es nach dem Motto ging: »Einer für alle, alle für einen.« Es gab keine Löhne, dafür arbeitete jeder solange er konnte und bekam dafür, was er brauchte. Die Kibbuzim waren anfänglich rein landwirtschaftlich orientiert, heute jedoch mehr auf Industrie aus. Früher aß man gemeinsam in Speisesälen, heute privatisiert sich die Kommune. Früher wuchsen die Kinder in gemeinsamen Kinderhäusern auf, heute bei den Eltern, denn die Kibbuzmutter »möchte sich um ihr Kind sorgen dürfen«. Ohne die Kibbuzim wäre der Aufbau Israels so nicht möglich gewesen, heute jedoch scheinen sie zu überaltern und machen zeitgemäßeren Strukturen Platz.

75.

»Was gibt es in Israel noch außer den Großstädten und den kleinen Kibbuzim?«

In Israel fehlen die typisch europäischen Dörfer mit ihren Bauernhöfen und Dorfplätzen. Dafür gibt es neben den Kibbuzim, die eine geschlossene Wohngemeinschaft bilden, noch 450 Moschawim, deren Mitglieder knapp vier Prozent der israelischen Bevölkerung ausmachen. In einem Moschaw leben ca. 60 Familien, die genossenschaftlich einkaufen und ihre Produkte genossenschaftlich vermarkten, wo jedoch jede Familie für sich ihren eigenen Haushalt führt, also privater als im Kibbuz.

Rund ein Viertel der israelischen Landbevölkerung sind Araber und Drusen, die in Dörfern unterschiedlicher Größe leben. Häuser und Land sind Privatbesitz. Die arabischen Bauern, die früher in biblisch anmutender Weise lebten und ihre Felder bestellten, passen sich immer mehr der Moderne an, um gegenüber den jüdischen Kibbuzim und Moschawim nicht den Anschluß zu verpassen. Arabische Bauern im langen Gewand fahren heute Jeeps und hören dabei Rockmusik.

76.

»Wie verkraftet die arabische Jugend die moderne Nachbarschaft Israels?«

Araber in Saudi-Arabien können ungestört gemäß islamischen Dogmen leben, denn ihr ganzes Umfeld lebt so und ist auch so gekleidet wie der Islam es will. Das moderne Bild der Welt erfahren sie allenfalls aus dem Fernsehen. In Israel ist dies ein Problem. Die arabischen Jugendlichen leben in ihren traditionellen Dörfern mit ihren Altvorderen zusammen, kleiden sich in ihren Dörfern auch so, wie die Mullahs es wollen. Doch wenn sie zu ihrer israelischen Arbeitsstelle fahren, nur 20 Kilometer von ihrem Dorf entfernt, tauchen sie plötzlich in eine andere Welt ein. Dann wird in Tel Aviv aus dem arabischen Ali ein israelischer Eli. Auf dem Weg vom Dorf zur israelischen Stadt tauscht er mit geübtem Griff sein Kumbas und Kafija gegen Jeanshose und T-Shirt »I love New York« aus. Er kennt und liebt Western-Musik, trinkt Coca-Cola lieber als Minztee. Zwei Seelen kämpfen in seiner Brust zwischen Tradition und Moderne. Die Mullahs wissen, daß ihnen diese Generation davonläuft, deswegen riefen sie zur Gegenrevolution auf und verteufeln alles Moderne. Was andernorts ein internes Problem ist, wird hier Israel angelastet.

77.

»Ist Israel eine bildungsorientierte Gesellschaft?«

Für Kinder im Alter von fünf bis sechzehn Jahren ist der Schulbesuch Pflicht und bis zum Alter von 18 Jahren gebührenfrei. Mehr als 90 Prozent aller Drei- und Vierjährigen besuchen einen Kindergarten. Eine der größten Herausforderungen für Israel ist die Erziehung von Kindern unterschiedlicher ethnischer und kultureller Herkunft: Juden, Moslems, Drusen und Christen, religiös und nichtreligiös, sollen verantwortungsvolle Mitglieder einer demokratischen, pluralistischen Gesellschaft werden. Ab der Oberstufe haben die Schüler die Möglichkeit, einen humanistischen, technologischen, landwirtschaftlichen, militärischen oder religiösen Rahmen zu wählen. Dazu gibt es jüdische, christliche und moslemische Privatschulen. In Israel gibt es acht Universitäten, die als Forschungsinstitute Weltruf genießen, wie z. B. das Weizmann-Institut. Durch die permanente Einwanderung ganzer Familien sind Zehntausende Erwachsene in Bildungsprogrammen eingeschrieben, um ihr Grundwissen auszubauen oder um sich auf eine berufliche Umschulung vorzubereiten. Israels Bildungsniveau gehört zu den zehn höchsten unter den Industrieländern der Welt.

78.

»Wie kann man Hebräisch lernen, diese Sprache ist doch uralt?«

König David könnte sich mühelos mit Israels neuem Ministerpräsidenten unterhalten, und der Apostel Petrus könnte seine Predigt vor dem Volk in derselben Sprache halten wie vor 2000 Jahren. Dadurch, daß die hebräische Sprache während des fast 2000jährigen Exils der Juden stehengeblieben ist, also keine lebendige Sprache war, wie z. B. die griechische, die sich seit Paulus' Zeiten laufend weiterentwickelte, brauchte die hebräische Sprache nur aus ihrem Dornröschenschlaf aufgeweckt zu werden — und das tat Elieser Ben Jehuda, als er Anfang dieses Jahrhunderts die Bibelsprache zu neuem Leben erweckte.

Seither spricht man in Israel »Iwrith«, Neuhebräisch. Das war die einzige Chance, um die aus allen Sprachen der Welt heimkehrenden Juden zu vereinen, sonst hätten sie sich im sprachlichen Patriotismus zerstritten. Die Sprache ihrer Väter vereinte sie. Überall in Israel gibt es Sprachschulen (Ulpanim) für Neueinwanderer. In einer Klasse sitzen Schüler aus aller Welt im Alter von 15 bis 75 zusammen, vom Eisverkäufer bis zum Professor. Alle müssen zuerst lernen, daß man Hebräisch von rechts nach links schreibt. Vorsicht: »Chatunah« heißt Hochzeit und der Unfall »Hatunah«.

79.

»Wie gesund ist Israels Gesundheitswesen?«

Israels Gesundheitswesen ist durchaus mit dem westlicher Länder vergleichbar. Die Lebenserwartung beträgt bei den Frauen 78 Jahre und bei den Männern 74 Jahre. Manchmal hat man den Eindruck, daß Israel seit der Masseneinwanderung der Juden aus Rußland mehr Ärzte als Kranke hat, auf einen Arzt kommen 250 Einwohner. Damit liegt Israel an der Weltspitze. Die Säuglingssterblichkeit gehört in Israel mit neun von 1000 Geburten zu den niedrigsten in der Welt. Israel spielt in der Welt, im Bereich der medizinischen Forschung, eine bedeutende Rolle.

Israel verfügt über 180 allgemeine Krankenhäuser und Spezialkliniken mit 30 000 Betten sowie Polikliniken, Beratungsstellen für Mutter und Kind, Rehabilitationszentren, Fürsorgeeinrichtungen und Schulgesundheitsdienste. 98 Prozent der Bevölkerung sind Mitglieder einer der verschiedenen Krankenkassen. Alle Israelis, egal welcher Religion oder ethnischen Herkunft, Juden oder Araber, werden gleichberechtigt behandelt. Für Notfälle steht Israels »Magen David Adom« (Roter Davidstern) zur Verfügung, was in anderen Ländern dem »Roten Kreuz« entspricht.

80.

»Juden waren nie große Sportler, wie ist das heute in Israel?«

Es stimmt, Juden haben mehr Nobelpreisträger hervorgebracht als Olympiasieger. Dennoch gab es zu allen Zeiten jüdische Spitzensportler, die aber durften im Zuge des allgemeinen Antisemitismus keinen regulären Sportvereinen beitreten, hatten daher keine Chancen, ihr Können öffentlich darzustellen. Im Judenstaat Israel dagegen profilieren sie sich und nehmen auch an den Olympischen Spielen teil. Um nur einen jüdischen Spitzensportler zu nennen: Marc Spitz gewann beim Schwimmen sieben Goldmedaillen. Natürlich hat ein Volk von nur 5, 8 Millionen Bürgern proportional weniger Chancen als ein Volk mit 80 oder 250 Millionen Bürgern. Sport wird in Israels Erziehungswesen großgeschrieben, was unübersehbar ist, wenn man sich die körperlich gut gebaute israelische Jugend anschaut. Besonders beliebt in Israel sind Basketball, Fußball, Wellenreiten, Schwimmen und Judo. Wer in Jerusalem von Tel Avivs »Maccabi«-Verein und in Tel Aviv von Jerusalems »Betar«-Verein schwärmt, bekommt die Antwort, ob Israelis Sportfans sind oder nicht.

81.

*»Ich bin Kunstliebhaber; würde ich in Israel auf meine
Kosten kommen?«*

Ich denke schon, denn Israels Kunstszene hat mittlerweile
internationalen Ruf. Wer natürlich nur durch die Jerusalemer Altstadt bummelt, der erstickt an Kitsch und Nippes.
Ob in Tel Aviv oder Jerusalem, überall findet man Künstler-
viertel und Galerien, wo zeitgenössische Kunst angeboten
wird, angefangen von Marc Chagall bis Reuven Rubin, von
Yossi Rosenstein bis Samuel Bak, von Moshe Castel bis
Marcel Janco.
Seit der Einwanderungswelle russischer Juden, von denen
ein Großteil Künstler sind, erhielt Israels Opern- und Thea-
terwelt internationales Niveau. Früher begnügte man sich
mit israelischer Folklore, heute kann Israel mit Zubin
Mehta und Isaac Stern, Yitzhak Perlman, Pinchas Zucker-
man und Shlomo Minz angeben. Wenn im Amphitheater
von Cäsarea, in dem schon König Herodes auftrat, Verdis
»Aida« oder »Nabucco« aufgeführt wird, ist ganz Israel auf
den Beinen, und Sonderflüge aus Europa und den USA
fliegen dazu Kunstliebhaber ein.

82.

»Als Tourist in Israel.«

Jährlich besuchen über 2, 5 Millionen Touristen Israel, davon kommen 30 Prozent als Pilger, 25 Prozent als Besichtigungstouristen, 20 Prozent zur reinen Ferienerholung, 12 Prozent besuchen ihre Verwandten und 13 Prozent kommen aus anderen Gründen ins Gelobte Land. Unter den Besuchern sind jährlich etwa 3000 Staatsgäste und andere VIPs. In Israel gibt es 280 Hotels mit 33 000 Betten.

Manche möchten gerne Israel besuchen, haben aber Angst vor Terror und Gewalt. Hier muß etwas objektiv richtiggestellt werden, denn in New York werden, verglichen mit der gleichen Bevölkerungszahl, pro Jahr viermal mehr Menschen umgebracht als in Israel. Wenn in Israel eine Person durch Terror oder andere Gewaltanwendung umkommt, kommen in Berlin 2, 5 Menschen gewaltsam um. In New York oder Berlin scheint so etwas normal zu sein; wenn derartiges dagegen in Israel geschieht, macht es gleich weltweit Schlagzeilen — daher die Angst vor einer Reise nach Israel.

In Israel lauert eine andere Gefahr: »Wer einmal Israel besucht, kommt immer wieder.«

Verrückte
und Verrücktes
in Israel

83.

»Bleibt es nicht ohne Wirkung, wenn man längere Zeit in der extrem religiösen Atmosphäre Jerusalems lebt?«

Wissenschaftlich gesehen gibt es ein »Jerusalem-Syndrom«, denn jährlich werden etwa 150 falsche Messiasse, Eliasse und »letzte zwei Zeugen« in die Jerusalemer Psychatrie eingeliefert. Diese Leute kommen aus der ganzen Welt. Sie kommen als ganz normale Pilger nach Jerusalem, irgendwann aber springt ein Funke über, gegen den sie keine Immunstoffe haben. Zuerst fangen sie an, sich weiß zu kleiden, dann mieten sie sich von Arabern einen weißen Esel und beginnen ihre Laufbahn als »Messias«. Daß sie oft ausgelacht und für verrückt erklärt werden, stärkt ihr Sendungsbewußtsein, denn »so etwas mußte auch Christus erleiden«. Am gefährlichsten sind jene, die meinen, sie seien die zwei Zeugen der Endzeit, die auf Jerusalems Straßen umkommen sollen. Diese Leute greifen alle Welt an, denn durch den Ärger, den sie dadurch auslösen, bestätigt sich ja ihre Sendung.

Daß in unserer Zeit so viele falsche Christusse auftauchen, erinnert an die Zeit Jesu, denn auch zu seiner Zeit gab es, laut Josephus Flavius, eine Inflation an falschen Messiassen, wodurch der echte Messias nicht mehr ernst genommen wurde.

84.

»Dreimal Weihnachten im Heiligen Land.«

Alle christlichen Denominationen der Welt unterhalten in Israel eine Niederlassung, um an heiligster Stätte ihre Feste feiern zu können. Da es unter den Christen unterschiedliche Kalender gibt, den julianischen, armenischen, koptischen und gregorianischen, fallen auch die Festtage verschieden aus. Wer gerne einmal in Bethlehem Weihnachten feiern möchte, aber wegen seiner Familie am 24. Dezember zu Hause sein muß, sollte bei seinen Kindern bleiben und dafür am 6. Januar kommen, denn dann feiern die orthodoxen Ostkirchen ihr Weihnachten. Wer auch dann nicht kann, weil zu dieser Zeit gerade die Firma Inventur macht, hat eine weitere Chance: am 18. Januar feiern die Armenier ihr Weihnachtsfest. Jedes dieser Feste wird so gefeiert, als sei es das einzige Weihnachtsfest, das im Heiligen Land gefeiert wird. Ähnlich geht es auch zu Ostern zu.

85.

»Was ist der Unterschied zwischen einem Sabre und einem Chabibi?«

Meine Definiton soll nicht bewerten, sondern nur darstellen, nicht zwischen gut und böse entscheiden, sondern nur unterschiedliche Mentalitäten aufzeigen.

Den in Israel geborenen Juden nennt man »Sabre«, weil er vom Typ her der Sabra-Kakteenfrucht gleicht, die außen unnahbar stachelig ist, innen aber saftig süß. Der junge Israeli ist Fremden gegenüber oft unfreundlich und abweisend. Man braucht Zeit und Geduld, um sich durch sein Stacheligsein hindurchzubeißen, um an seine süße Seite zu kommen. Hat man sein Inneres jedoch erreicht, hat man einen Freund wie keinen anderen.

Den arabischen Jugendlichen nennt man »Chabibi«, was übersetzt soviel heißt wie »mein Lieber« oder »mein Süßer«. Wenn man durch den Basar geht, wird man von vielen Chabibis mit »you are my best friend« angesprochen. Sie drängen dem Fremden förmlich ihre Freundschaft auf. Doch, aufgepaßt, das könnte teuer werden. Auf Kurzbesucher wirken die Chabibis viel ansprechender als die schwierig zu erobernden Sabres. Doch Freundschaft sollte mehr sein als nur eine hübsche Geste.

86.

»Die Israelis fahren wie die Verrückten!«

Stimmt, besonders in Jerusalem. Ein Tourist aus Deutschland befand, als er seinen Leihwagen am Flughafen abgab: »In Israel gibt es nur gute Autofahrer, denn die schlechten sind schon tot — nun weiß ich, daß ich zu den guten gehöre, denn ich habe zwei Wochen israelischen Verkehr überlebt.« Echt, die Israelis fahren wie die Verrückten. Und jetzt kommt das Wunder, denn trotz ihres irren Fahrstils liegt Israel mit seinen Verkehrstoten, proportional an Verkehrsteilnehmern und gefahrenen Kilometern gemessen, in der Welt an sechstniedrigster Stelle. Nur in Japan, Holland, England, Schweden und Norwegen gibt es weniger Verkehrstote als in Israel. Pro Kilometer Autostraße kommen in Israel 112 Autos und auf 1000 Einwohner 293 Fahrzeuge. Die Polizei freut sich, sie stellt jährlich 1, 5 Millionen Strafzettel aus.

87.

»Was sich neckt, das liebt sich!«

In Jerusalem, wo Juden und Christen dicht beieinander wohnen, kommt es immer wieder zu heiter bis wolkigen Disputationen zwischen Rabbinern und Priestern.

Da fragte ein Benediktinermönch den Rabbiner: »Bei euch Juden beginnen die Feiertage immer am Vorabend, nur das Purim-Fest beginnt zu Beginn des Tages. Warum?« Der Rabbiner antwortete mit einer Gegenfrage. »Wie kommt es, daß ihr Christen den Geburtstag Jesu am Vorabend beginnt, wo doch alle eure Feste sonst am Tage anfangen? Liegt es nicht daran, daß wir unser Purim-Fest einem Nichtjuden verdanken, und ihr euer Weihnachtsfest einem Juden?«

Ein Rabbiner lud seinen Freund, den katholischen Priester, zur Beschneidung seines Sohnes ein. Da lachte der Priester: »Moische, du glaubst doch fest daran, daß Gott allwissend ist. Gott wußte doch, daß dein Sohn als Jude geboren wird. Wollte er, daß das Kind beschnitten werden soll, hätte er es ohne Vorhaut zur Welt kommen lassen.« Darauf der Rabbiner: »Hochwürden, auch du glaubst an die Allwissenheit Gottes. Gott wußte doch, daß du Priester wirst, warum hat er dich dann nicht ohne Geschlechtstrieb zur Welt kommen lassen?«

88.

»Wie können Sie als Deutscher in Israel leben?«

Israels erster Staatspräsident Chaim Weizmann sagte einmal: »Man muß nicht verrückt sein, um in Israel leben zu können, aber es hilft.«

Als ich mit meiner Frau nach Israel kam, da lebte das Tote Meer noch, solange ist das her. Unser erster Sohn wurde 1965 in einem Kibbuz geboren. Wir haben fünf Kinder, die nun alle verheiratet sind. Und daß Israel ein fruchtbares Land ist, sieht man daran, daß uns in knapp fünf Jahren, acht Enkelkinder entgegenpurzelten. Immer wenn eines unserer Kinder seine obligatorische Militärzeit beendet hatte, war die von mir gegründete Nachrichten-Agentur gerade soweit, daß sie einen neuen Mitarbeiter brauchte, der nicht nur hebräisch und englisch sprechen konnte, sondern auch deutsch. Unsere Kinder waren in dieser Hinsicht unsere beste Investition. Von unserer NAI-Redaktion gehen die »Nachrichten aus Israel« nun monatlich in 54 verschiedene Länder, dazu das jährliche »Israel-Jahrbuch« und die täglichen Telefonnachrichten »Stimme aus Jerusalem«. Es stimmt, um in Jerusalem leben und arbeiten zu können, muß man schon etwas verrückt sein. Daß man nicht ganz verrückt wird, haben wir Gott zu verdanken, darum »Soli Deo Gloria!«

Typisch
Jüdisch

89.

»Wann beginnt bei den Juden ein neuer Tag?«

Weil in der Bibel steht: »Da wurde aus Abend und Morgen der andere Tag« (1. Mose 1), beginnt bei den Juden bereits am Vorabend, sobald drei Sterne am Himmel sichtbar werden, der neue Tag. Das heißt: Wenn der Nichtjude noch im alten Tag ist, hat für den Juden schon der neue Tag angefangen. Und weil im Judentum alles mystisch auslegbar ist, kann man hieraus lernen:

Als um 30 n. Chr. die Kirche ihren Lauf begann, lebte sie noch 40 Jahre mit dem offiziellen Judentum in Israel zusammen, denn erst im Jahre 70 n. Chr. wurde der jüdische Tempel zerstört. Das heißt: Damals waren die Christen **schon** da und die Juden **noch** da. 40 Jahre griffen die Zahnräder der Heilsgeschichte ineinander. Nun muß man sich fragen, ob es jetzt wieder so zugeht, nun allerdings umgekehrt, denn jetzt sind die Juden **schon** da, und die Christen **noch** da, denn wieder greifen die Zahnräder ineinander und treiben die Heilsgeschichte voran.

90.

»Woran erkennt man eigentlich die Synagogen?«

Wer Jerusalem besucht, vermißt die Synagogen, er kann sie nicht finden, weil sie keine Kirchtürme haben; dennoch gibt es allein in Jerusalem 920 Synagogen. Außer drei Großsynagogen sind die anderen alle klein. Sobald eine Synagoge am Sabbat mehr als 70 ständige Besucher hat, wird schon eine neue geplant. Man befürwortet kleine Synagogen mehr als große. Das liegt daran, daß man am Sabbat nicht Autofahren darf, deswegen muß der Weg zur Synagoge so kurz wie möglich sein, also in der näheren Nachbarschaft. So hat jede Straße ihre eigene Synagoge, manche sogar mehrere. Dazu kommt, daß man am Sabbat keine Elektrizität anschalten darf, daher kann man in der Synagoge kein Mikrophon und keine Lautsprecheranlage benutzen. Die Predigt ist also nur in kleinen Räumen gut verständlich. Und als Drittes kommt hinzu, daß die Synagoge ein auf Familien bezogenes Gotteshaus ist, in dem die Nachbarfamilien zusammenkommen. Und wenn einer am Sabbat fehlt, weiß man sofort, wer es ist und besucht ihn zu Hause. So haben kleine Synagogen große Vorteile.

91.

»Warum tragen Juden eine Kopfbedeckung?«

Man kann einen Juden nicht nur daran erkennen, daß er beim Beten eine Kopfbedeckung trägt. Mehr noch: Auch an der Art der Kopfbedeckung erkennt man, zu welcher Gruppe er gehört. Je schwärzer und größer, desto orthodoxer ist der Betreffende. Am verbreitesten ist die kleine Kippa. Das Wort Kippa kommt von dem Wort Käppchen, Kappe. Das Wort Kappe stammt wiederum von dem hebräischen Wort »Kappara« (Versöhnung) ab, bekannt von Jom Kippur (Versöhnungstag). Wer also eine Kippa trägt, will damit bekennen, daß eine Versöhnung (Kappara) ihn bedeckt.

Interessant ist, daß die frühen Christen noch gar nicht so paulinisch (1. Korinther 11) gegen das Tragen einer Kopfbedeckung im Gottesdienst waren, denn noch im Jahre 195 n. Chr. gab es laut Polykrates von Ephesus unter den Christen einen Disput, ob Christen beim Beten eine »Infula«, eine spitze Mütze, oder eine »Petalon«, eine flache Kappe, tragen sollen. Sie stritten nicht, ob ja oder nein, sondern nur über die Art der Kopfbedeckung. Für viele Christen und Priester der Ostkirchen ist noch heute eine Kopfbedeckung im Gottesdienst üblich. Das Ja oder Nein zur Kopfbedeckung ist also kein Entweder-Oder zur Seligkeit.

92.

»Warum tragen manche Juden Schläfenlocken und andere wiederum nicht?«

Wenn man es genau nimmt, sind die Schläfenlocken (hebräisch: Peot) reine Ansichtssache. Die Bibel sagt uns nur, daß man das Haar auf dem Haupt scheren darf, das Haar im Gesicht aber nicht. Und wohin gehören die zwei Zentimeter vor den Ohren, wo sonst die Koteletten sind? Derjenige, der meint, dieses Stück gehöre zum Gesicht, der sollte sich Schläfenlocken wachsen lassen. Derjenige, der jedoch der Ansicht ist, daß dieses Stück zum Haupthaar gehört, der darf es sich abscheren.

Im 3. Mose 19, 27 steht: »Ihr dürft euer Haupthaar an den Schläfen nicht rund scheren; auch darfst du den Rand deines Bartes nicht scheren.«

Schläfenlocken werden meistens von Ostjuden oder Juden aus dem Jemen getragen.

93.

»Ich finde es lustig, wenn Juden jiddisch reden.«

Jiddisch ist hauptsächlich die Volkssprache der Juden aus Osteuropa; die »Sprache der Seele«, man spricht sie am besten mit den Händen. Jiddisch ist im Grunde genommen stehengebliebenes Deutsch aus dem Mittelalter. Aus dieser Sprache hat Luther die Bibel in neues Hochdeutsch übersetzt. Von da an setzte sich unter den Deutschen das Hochdeutsch als Volkssprache durch, nur die Juden hielten an der alten Sprache fest, sie lasen ja nicht die von Luther verdeutschte Bibel. Im Laufe der Zeit mischten sich in dieses mittelalterliche Deutsch »jüdische« Zusätze aus dem Hebräischen und aus den jeweiligen Ländern, in denen die Juden lebten. Jiddisch wird mit hebräischen Buchstaben geschrieben. Es gibt eine reiche jiddische Literatur; einer der bekanntesten Schriftsteller der Neuzeit, der in Jiddisch schrieb, war Isaac Bashevis Singer.

In Mammeloschen (jiddische Muttersprache): »A kalfi is a ferkehrte papirmihl«, d. h. »In die Papiermühle wirft man Lumpen hinein und es kommt Papier heraus; in die Wahlurne wirft man Wahlzettel hinein und es kommen Lumpen heraus.« (»Kalfi« kommt aus dem Hebräischen und »papirmihl« ist altdeutsch.)

94.

»Jüdische Hochzeiten sind Volksfeste.«

Wer nur die biederen deutschen Hochzeiten kennt, bei denen man wohlgesittet die Kirche besucht und sich anschließend im engen Freundeskreis trifft, der kommt in Israel aus dem Staunen nicht heraus. Nicht nur, daß die jüdischen Hochzeiten in Israel bei 500 Besuchern erst anfangen, sie dauern bei religiösen Juden um der »sieben Segen« willen auch sieben Tage. Da es in Israel keine standesamtliche Trauung gibt, sondern nur die Rabbinatsehe, läuft alles sehr religiös ab. Unter der Chuppa, dem auf vier Stangen aufgespannten Gebetsmantel, wird das Paar vom Rabbiner getraut, der ihnen dort den Heiratsvertrag (Ketubah) vorliest. Zum Schluß muß der Mann ein Glas zerbrechen, weil man auch bei größter Freude an die Zerstörung Jerusalems und des Tempels gedenkt. Solch eine Hochzeit kostet ein Vermögen, denn man mietet zu diesem Zweck einen Hochzeitssaal mit voller Bewirtung. Die Besucher wissen, daß so etwas teuer ist und bringen daher anstelle von Toastern und Vasen Schecks mit. Und was macht das frischvermählte Paar in der Hochzeitsnacht? Nun? Es zählt die Schecks. »Masal Tov!«

95.

»Psst, verstehen Sie meine Frage bitte nicht falsch, aber wie geht es bei einer Beschneidung zu?«

Gott schloß mit dem Volk Israel einen ewigen Bund und machte diesen Bund durch die Beschneidung rechtskräftig (1. Mose 17). Die Beschneidung (hebräisch: Berit Milah) soll am achten Tag nach der Geburt des Knaben (Mädchen werden nicht beschnitten) vollzogen werden. Moderne Mediziner haben festgestellt, daß kein Tag im Leben für eine Beschneidung so günstig ist wie der in der Bibel festgesetzte achte Tag. Jemand fragte mich, ob Juden, die beschnitten sind, denn noch zeugungsfähig seien. Da alle Juden beschnitten sind und sich kaum ein Volk so gesund vermehrt wie die Juden, ist diese Frage wohl beantwortet. Bei der Beschneidung zieht der Mohel (rabbinische Chirurg) die Vorhaut vom Penis nach vorne, schiebt sie in einen dafür vorgesehenen Kamm und schneidet sie ab und bepudert die Wunde, die nicht vernäht wird. Damit wurde die Eichel für immer freigelegt. Nun kann sich zwischen Vorhaut und Eichel kein Schmutz mehr ansetzen. Statistiken ergaben, daß Frauen beschnittener Männer viel weniger Unterleibskrebs haben als Frauen von Unbeschnittenen, was dazu führt, daß sich heute immer mehr Nichtjuden beschneiden lassen.

96.

»Nehmen die Juden den Sabbat nicht zu wichtig?«

Zur Zeit Jesu gab es unter den Pharisäern zwei Strömungen: die einen machten sich zum Sklaven des Sabbat — dagegen sprach sich Jesus aus. Und die anderen Pharisäer dachten und lehrten wie Jesus, daß »nicht der Mensch für den Sabbat da ist, sondern der Sabbat für den Menschen«. Wer den Sabbat, den siebten Tag der Woche, wirklich als Ruhetag feiert, der geht an Geist, Seele und Leib gestärkter in die kommende Arbeitswoche. Die ersten Christen feierten noch mit den Juden zusammen den üblichen Sabbat, waren sie doch täglich mit ihnen im Tempel (Apostelgeschichte 24, 6). Da bei den Juden der Tag gegen 18 Uhr endet, hört dann auch der Sabbat auf, danach beginnt der »Jom Rischon« (Tag Eins), der erste Tag der Woche. So kamen nach Sabbat-Abend, also am ersten Tag der Woche, die Christen in den Häusern zusammen und brachen das Brot. Die ersten Christen feierten, weil sie noch Juden waren, den Sabbat und anschließend am Abend, ihrem »Ersten Tag«; den Namen »Sonntag« erhielt dieser Tag ja erst von den Römern. Damit der siebente Tag der Woche, ob Sabbat oder Sonntag, eine Lust und keine Last ist, wünsche ich Ihnen »Schabbat Schalom!«

97.

»Man sagte mir, ich solle einer jüdischen Beerdigung besser fernbleiben. Warum?«

Juden ehren den Verstorbenen, indem sie ihn so schnell wie möglich beerdigen, auf daß niemand dessen Verwesung sehe (Psalm 16, 10), darum bringt man ihn noch am Tag seines Todes unter die Erde. In Israel ist es dazu Gesetz, daß der Verstorbene ohne Sarg, also nur in ein Leichentuch gehüllt, unter Beigabe seines Gebetsmantels, bestattet wird. Auf einer Bahre wird der im Leichentuch Eingehüllte zum Grab getragen und hineingelegt. Dieser Anblick ist oft schockierend, dafür aber realistischer als die Prunksärge bei den Nichtjuden. Das israelische Gesetz erlaubt bei Juden die Bestattung im Sarg nur bei Staatsleuten, weil deren Begräbnis ein Ereignis ist, das von aller Welt gesehen wird. Doch auch dieser Sarg darf nur eine schmucklose Kiste sein, bedeckt mit der Fahne Israels. Wenn man später das Grab besucht, legt man statt Blumen zum Zeichen der Achtung kleine Steine aufs Grab. Wer auf seinem Grab viele Steine liegen hat, hat demnach viele Freunde.

98.

»Wir Christen haben den Juden voraus, daß uns Jesus lehrte: Liebe deinen Nächsten wie dich selbst.«

Mit dem Gebot: »Du sollst deinen Nächsten lieben wie dich selbst« (Matthäus 5, 43) lehrte Jesus kein neues Gebot, sondern zitierte damit wörtlich das alttestamentliche Gebot aus 3. Mose 19, 18. In demselben Kapitel lesen wir in Vers 33 - 34 noch: »Wenn ein Fremdling sich in eurem Lande als Gast aufhält, so sollt ihr ihn nicht bedrücken, sondern wie ein Einheimischer aus eurer eigenen Mitte soll euch der Fremdling gelten, der unter euch lebt, und du sollst ihn lieben wie dich selbst.« So neutestamentlich ist das Gebot der Nächstenliebe also nicht. Es kommt nur darauf an, ob wir als Juden oder Christen es beachten oder nicht.

An den Türen jüdischer Wohnungsbesitzer findet man rechts in Augenhöhe eine schräg angebrachte Kapsel (Mezusa). Darin ist eine Schriftrolle mit dem Text aus 5. Mose 6, 4 - 9 und 11, 13 - 21 eingerollt, die das »Schma Israel« enthält: »Höre, Israel: Der HErr ist unser Gott, der HErr allein! So liebe denn den HErrn, deinen Gott, mit deinem ganzen Herzen, mit deiner ganzen Seele und mit all deiner Kraft«. Diesem Text fügte Jesus das Gebot der Nächstenliebe aus 3. Mose 19, 18 hinzu.

99.

»Warum stecken die Juden Zettel in die Ritzen der Jeru-
salemer Westmauer (Klagemauer)?«

Weil die Westmauer der letzte Rest vom Tempelplatz ist, auf
dem früher einmal der Tempel stand, und Gott von ihm
sagte, daß seine Schechina (Gegenwart) nie diesen Platz verlassen wird, glauben Juden, daß, wenn sie in die Ritzen der
Steinquader ihre Bittbriefe stecken, Gott ihr Gebet schneller
erhört. Wann sich diese Tradition einbürgerte, weiß man
nicht. Biblisch ist sie jedenfalls nicht. Gott schaut wohl eher
in die Herzen der Bittsteller als auf ihre Zettel — vielleicht
aber schaut er auch auf ihre Zettel? Von Zeit zu Zeit werden
diese Zettel herausgeholt und verbrannt, damit ihre Bitten
wie ein Rauchopfer zu Gott emporsteigen.

100.

»Wie können die Juden, nach allem Schrecklichen, das
sie mitgemacht haben, noch an Gott glauben?«

Das jüdische Volk war in dem Leid ja nicht allein, Gott war
bei ihnen, auch in Auschwitz, denn es heißt: »Du aber Israel,
den ich erwählt habe. Mein Knecht bist du, ich habe dich erwählt und dich nicht verworfen. Fürchte dich nicht, denn ich
bin mit dir! Blicke nicht ängstlich umher, denn ich bin dein
Gott. Ich stärke dich und helfe dir auch und halte dich auf-
recht mit meiner heilverleihenden Rechten« (Jesaja 41, 8-13).
»Fürchte dich nicht, denn ich habe dich erlöst; ich habe dich
bei deinem Namen gerufen: du bist mein! So oft du durchs
Wasser gehst: ich bin bei dir. Die Ströme sollen dich nicht
überfluten! So oft du durchs Feuer gehst: ich bin bei dir. Die
Flamme soll dir nichts antun« (Jesaja 43, 1-2).